독도
120년

독도 120년

지정학과 인물로 보는 독도 분쟁 이야기

2020년 11월 6일 초판 1쇄 발행
2021년 7월 19일 초판 2쇄 발행

지은이 이선민

편집 차윤석 김희연 고명수
마케팅 김세라 박동명 정하연 이유진
제작 나연희 주광근

디자인 박진범
인쇄 영신사

펴낸이 윤철호
펴낸곳 (주)사회평론
등록번호 10-876호(1993년 10월 6일)
전화 02-326-1544(마케팅), 02-326-1543(편집)
주소 서울시 마포구 월드컵북로 6길 56
이메일 editor@sapyoung.com

ISBN 979-11-6273-136-9 03910

독도 120년

지정학과 인물로 보는 독도 분쟁 이야기

이선민 지음

사회평론

* 이 책은 방일영문화재단의 지원을 받아 저술·출간되었습니다.

독도 獨島

우리나라 가장 동쪽 끝에 자리한 화산섬이다. 행정구역상의 주소는 경상북도 울릉군 울릉읍 독도리 산 1-96번지이다. 동도와 서도, 그리고 수십 개의 부속 섬으로 이루어져 있으며, 천연기념물 336호로 지정되어 있다.

들어가며

독도를 둘러싼 한·일 간의 갈등을 제대로 이해하려면 1900년부터 현재까지 독도와 관련하여 두 나라 사이에서 벌어졌던 일을 알아야 한다. 그 이야기는 한 편의 대하드라마와 같다. 수많은 집념 어린 인물이 등장해 여러 가지 쟁점을 놓고 격론과 공방을 벌인다. 그리고 무대 위에는 주인공인 한국과 일본뿐 아니라 미국을 중심으로 하는 국제사회가 심판 역할로 등장한다. 이 책은 지난 120년 동안 복잡하게 얽힌 독도 문제의 역사를 지정학과 인물에 중점을 두고 스토리텔링 방식으로 재구성해서 독자의 이해를 돕고자 했다.

기본 줄거리

한국과 일본의 독도 영유권 분쟁은 1952년 1월 한국이 독도를 포함하는 평화선을 선포하고, 일본이 이에 항의함으로써 시작됐다. 이후 한국이 독도에 대한 실효적 지배를 점차 강화하면서 두 나라는 외교적 공방과 때로는 물리적 마찰까지 불사하며 팽팽하게 맞섰다. 1965년 한일협정을 체결한 뒤 한동안 소강상태를 맞는 듯했다가 2005년 일본이 '다케시마의 날'을 제정하면서 다시 격화돼 오늘에 이르고 있다.

독도 문제가 이처럼 표면화된 것은 1950년대 초반이지만 그 근원을 거슬러 올라가면 1905년 2월 일본이 독도를 갑자기 '다케시마[竹島]'라고 이름 붙여서 시마네현 고시 제40호로 자기 영토에 강제 편입한 것에서 시작됐다. 그보다 5년 앞선 1900년에 대한제국 칙령 제41호로 독도를 울릉도의 행정구역에 포함시켰던 한국은 국운이 기울어 가는 상황에서 속수무책으로 국토의 최동단最東端을 빼앗기고 말았다. 그러다 1945년 8월 일본 제국주의가 패망하고 한민족이 잃었던 나라를 되찾으면서 독도는 자연스럽게 우리 품으로 돌아왔다. 그런데 일본이 독도에 대한 미련을 버리지 못하고 다시 평화선에 시비를 걸면서 분쟁이 빚어진 것이다.

안용복 사건과 울릉도 쟁계

대부분의 영토 갈등이 그렇듯이 독도 분쟁도 오랫동안 내연해

온 전사前史가 있다. 20세기 이후의 독도 문제를 정확하게 파악하기 위해서는 그 이전에 한국과 일본이 독도와 관련하여 조사하고 판단했던 몇 가지 역사적 사실을 먼저 짚어야 할 필요가 있다. 이들 사건이 독도에 대한 한·일 갈등이 본격적으로 드러난 뒤에 지속적인 영향을 미쳤기 때문이다.

독도 문제의 전사에서 가장 중요한 것은 1693년과 1696년 안용복의 두 차례 일본행과 그로 말미암아 벌어진 한국과 일본 사이의 '울릉도 쟁계爭界'이다. 이는 대외적으로는 두 나라의 해상 경계를 분명히 했고, 대내적으로는 독도에 관한 한국인의 인식을 크게 바꾸어 놓았다는 점에서 한국 영토사에 한 획을 그은 사건이었다.

1693년 4월 울릉도에서 미역 등을 채취하던 동래 어부 안용복은 고기잡이하러 온 일본 어민에게 항의하다 부하인 박어둔과 함께 끌려갔다. 독도를 지나 오키섬을 거쳐서 일본 본토에 도착한 안용복은 돗토리번藩과 나가사키, 쓰시마 등지에서 심문을 받은 뒤 그해 11월 부산으로 송환됐다. 그러면서 일본 막부幕府는 조선과의 외교를 담당하던 쓰시마번을 통해 일본 영토인 울릉도에 한국 어민이 왕래하는 것을 금지시켜 달라고 요구했다. 이에 조선 정부는 오히려 한국 영토인 울릉도에 일본 어민이 드나드는 무례함을 꾸짖는 외교문서를 쓰시마번에 전달했다.

일본 막부는 상황 파악을 위해 돗토리번에 죽도竹島(울릉도)가 언제 일본 땅이 됐는지를 물었다. 돗토리번의 답은 "죽도와 송도松島

(독도)는 우리 땅이 아니다"였다. 일본은 1696년 1월 일본 어민이 울릉도에 건너가는 것을 금지하는 '죽도 도해渡海 금지령'을 내리고, 이를 쓰시마번을 통해 조선에 알렸다. 이 금지령은 죽도로 가는 기착지인 송도(독도)에 대한 도해 금지를 포함하는 것이었다. 막부와 돗토리번, 일본 어민 모두 그렇게 이해했다.

안용복은 1696년 5월 다시 울릉도에 고기잡이하러 갔다가 일본 어선을 발견했다. 그는 이번에는 독도까지 일본 어선을 추격해서 "송도는 자산도子山島로 우리 땅인데 너희들이 감히 왜 사는가?"라고 꾸짖었다. 그는 오키섬을 거쳐 돗토리번까지 건너가 일본 어민이 국경을 침범한 데 항의하고 돌아왔다. 당시 상황을 기록한 일본 문서가 있는데 안용복이 가져온 「조선팔도八道지도」의 강원도 부분에 "이 도道 안에 죽도·송도가 있다"고 적혀 있다. 울릉도와 독도가 조선 영토라는 안용복의 주장을 그대로 기록한 것이다.

'영웅'인가 '악의 근원'인가

독도가 조선의 고유 영토임을 보여주는 문헌은 그 외에도 여러 개 있다. 그중에서도 많이 인용되는 것은 『세종실록지리지』(1454년)와 안용복 사건이 발생한 후 1694년 울릉도 수토사搜討使로 처음 파견된 장한상이 쓴 『울릉도사적事蹟』이다. 『세종실록지리지』는

"우산于山과 무릉武陵 두 섬은 울진현 정동쪽 바다 한가운데에 있다. 두 섬은 거리가 멀지 않고 날씨가 맑으면 서로 바라볼 수 있다"고 적었다. 『울릉도사적』은 "(울릉도 성인봉에서) 동쪽으로 바다를 바라보니 동남쪽에 섬 하나가 희미하게 있는데 크기는 울릉도의 3분의 1이 안 되고, 거리는 300여 리에 지나지 않았다"고 했다.

이처럼 어렴풋이 인식되던 독도에 첫 발을 디디고, 우리 땅이라고 선언한 사람이 안용복이었다. 그는 일본의 조야朝野에 그렇게 주장했고, 한국에 돌아와 정부에 이를 알렸다. 두 나라 정부는 외교 교섭을 통해서 울릉도와 독도가 한국 영토라는 데 의견의 일치를 보았다.

안용복의 활동이 지니는 또 하나의 역사적 의의는 오랫동안 그 위치가 불분명했던 우산도가 일본이 말하는 송도라는 사실을 우리 지식인에게 알린 것이다. 실학자 이익은 『성호사설』의 「울릉도」라는 글에 안용복이 울릉도에 온 일본인에게 "송도는 본래 우리 우산도"라고 호통쳤다고 적었다. 이익의 학통을 잇는 신경준은 『동국문헌비고』에 "「여지지輿地志」에 이르기를 '울릉과 우산은 다 우산국의 땅인데 우산은 왜가 이르는 바 송도'라고 하였다"고 적었다. 울릉도 주위를 떠돌던 우산도의 위치가 조선 후기에 만들어지는 지도에서 울릉도 동쪽에 자리잡게 된 것도 안용복의 영향이었다.

독도 문제에서 안용복의 역할이 이처럼 크기 때문에 그에 대한 평가는 한일 양국에서 극명하게 엇갈린다. 이익은 "미천한 일개 군졸로서 만 번 죽음을 무릅쓰고 국가를 위하여 강적과 겨루어 간사한 마음을 꺾어 버리고 여러 대를 끌어온 분쟁을 그치게 했다"며 영웅호걸이라고 높이 평가했다. 반면 최근 독도가 일본 영토라는 주장을 이끌고 있는 일본인 학자 시모조 마사오는 "안용복의 증언은 모두 거짓말인데 그것이 『숙종실록』 등 공문서에 기록되는 바람에 사실처럼 둔갑했다"며 "그는 다케시마 문제에서 모든 악의 근원이다"라고 극언했다.

***

동북아시아가 서세동점西勢東漸의 물결에 휩쓸리면서 새로운 국제질서가 형성되기 시작하던 19세기 중반 무렵 독도에 관한 한국과 일본의 인식은 대략 이런 상황이었다. 그런데 19세기 후반 들어 동북아 정세가 요동치면서 독도도 점차 그 영향을 받기 시작했다. 그리고 20세기에 들어서자마자 러시아와 일본이 동북아의 패권을 놓고 벌이는 정면대결의 한복판에 울릉도와 독도가 놓이면서 더욱 격랑이 몰아쳤다. 그 후 120년, 독도를 놓고 본격적으로 한국과 일본 사이에 극심한 갈등의 역사가 전개됐다. 이제 그 이야기를 시작해 보자.

차례

일러두기

1. 단행본과 잡지는 『 』, 논문과 신문·잡지 기사는 「 」으로 표기했습니다. 독서의 편의상 수록 신문명과 미술 작품명은 별도의 부호로 표시하지 않았습니다.
2. 외국의 인명과 지명은 국립국어원 어문 규정의 외래어 표기법에 따라 표기했습니다. 다만 관용적으로 굳어진 일부 용어는 예외를 두었습니다.
3. 일본어는 국립국어원 어문 규정의 외래어 표기법에 따라 표기하되 원어 발음을 살린 표기일 경우 [ ] 안에 원어를 병기했습니다.
4. 인용에서는 최대한 본래의 표기를 유지하되 이해를 돕기 위해 오늘날 통용되는 표기가 있을 경우 오늘날의 표기를 따르고 원문은 [ ] 안에 병기했습니다.

1

대한제국,
독도를 울도군에 소속시키다

1900~1905년

 # 대한제국 칙령 제41호

 # 우용정

 # 배계주

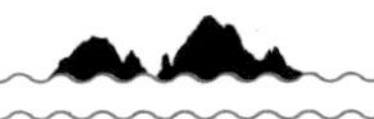

1900년 5월 30일, 대한제국 정부와 일본 정부가 공동 구성한 울릉도 조사단이 부산항을 출발했다. 동해 물살을 가르는 일본 여객선 소류마루에는 대한제국 내부內部 시찰위원 우용정, 부산 주재 일본영사관보 아카쓰카 쇼스케 등 양국 정부가 파견한 관리들과 부산해관 세무사로 근무하던 영국인 라포르트E. Laporte가 타고 있었다.

울릉도에서 일본인이 부린 행패

한·일 공동조사단이 만들어진 목적은 울릉도에 무단으로 들어와서 행패를 부리는 일본인들의 실태를 조사하고 대책을 마련하기 위해서였다.

조선 왕조는 15세기 초부터 울릉도 주민을 육지로 이주시키고 섬을 비워 두는 공도空島 정책을 실시했다. 동해안에 수시로 출몰하는 왜구의 활동 거점을 없애기 위해서였다. 세월이 흐르면서 고기잡이와 해산물 채취 등을 위해 울릉도에 들어가는 사람이 늘어났지만 조선 정부는 정책을 바꾸지 않았다. 그 대신 안용복 사건이 일어난 뒤인 17세기 말부터 정기적으로 지방 관리를 울릉도에 파견하여 현지 실정을 순찰하고 숨어 사는 주민을 데리고 나오는 수토搜討 제도를 운영했다.

그런데 1880년대 들어 상황이 달라졌다. 일본인이 울릉도에 몰래 건너와 벌목과 고기잡이를 하고 있다는 사실이 알려지면서 공도 정책을 폐기해야 한다는 주장이 많아졌다. 결국 조선 정부는 울릉도 검찰사檢察使로 파견된 이규원의 현지 조사에 따른 건의를 받아들여 1882년 8월 '울릉도 개척령'을 발표했다. 다음 해인 1883년 3월 개화파의 정예 중견 관료인 김옥균이 울릉도 개발을 담당하는 동남제도東南諸島 개척사로 임명됐다. 그해 7월 육지에서 모집한 첫 번째 이주민 16가구, 총 54명이 울릉도 태하동에 도착하면서 울릉도 재개척 사업은 본 궤도에 올랐다.

하지만 울릉도가 조선 정부의 직접 관할에 들어간 뒤에도 일본인들의 불법 도해는 계속됐다. 조선 정부의 거듭되는 항의에 일본 정부가 1883년 '울릉도 도항渡航 금지령'을 내리면서 수그러드는 듯했지만 곧 재연됐다. 청일전쟁에서 일본이 승리한 뒤인 1895년부터는 울릉도에 불법 정착하고 목재를 대량 도벌盜伐해서 반출하는 등 일본인의 준동이 노골적으로 심해졌다. 이에 따라 울릉도의 조선 관리, 주민과 일본인 사이의 충돌·마찰도 늘어났다.

울릉도감 배계주

일본인들의 문제 행동이 계속되자 울릉도감島監 배계주가 단속에 나섰다. 그는 1898년 초 상부에 울릉도의 상황을 보고하고 대책 마련을 요청했다. 이어 그해 8월 직접 일본 돗토리현으로 건너가 울릉도에서 행패를 부리는 일본인에 대한 단속을 촉구했다. 그리고 도쿄에 있는 주일한국공사관을 찾아 관련 내용을 알렸다. 주일한국공사 이하영은 일본 정부에 이 문제에 관한 조사와 해결책 마련을 요구했다.

배계주가 일본에서 돌아오자 대한제국 정부는 1899년 6월 부산세관 세무사 라포르트, 부산해관 서기 김성원 등을 그와

◉ **배계주** 1895년 울릉도감으로 임명됐으며 울릉도에서 일본인들의 행패가 계속되자 일본 돗토리현에 직접 건너가 단속을 요구했다. 1900년 울릉도가 울도군으로 승격되면서 초대 군수가 됐다.

함께 울릉도로 보내 현지 상황을 조사하도록 했다. 이틀 동안의 조사를 마친 라포르트는 한국 정부와 주한영국공사에게 제출한 보고서에 "일본인들은 손 닿는 곳에 돈이 될 만한 것은 무엇이든 건드리고 있으며, 그 과정에서 한국인들을 괴롭히고 있다"며 "울릉도의 한국인 관리나 주민이 한결같이 바라는 것은 일본인을 빨리 퇴출시키는 일"이라고 적었다.

대한제국 정부는 라포르트와 배계주의 보고에 따라 1899년 9월 일본 정부에 울릉도에 불법 정착한 일본인을 철수시킬 것을 요구했다. 그리고 근본적인 대책을 마련하기 위해 중앙에서 직접 조사단을 파견하기로 했으며 그해 12월 내부 관리 우용정이 울릉도 시찰위원으로 임명됐다. 이같은 사실을 알게 된 일본 정부는 공동조사를 제안했고, 대한제국 정부는 이를 받아들였다. 그로부터 반년 뒤 울릉도 공동 조사가 시행된 것이다.

1900년 5월 31일 울릉도에 도착한 한·일 공동조사단은 섬 이곳저곳을 방문해 조사를 마치고 6월 6일 울릉도를 떠났다. 이들은 한국인과 일본인 사이에 발생한 분쟁 몇 건에 대해 진상 조사를 벌였다. 또 울릉도에 체류하고 있는 일본인이 얼마나 되는지도 파악했다. 당시 일본인 114명, 선박 11척이 울릉도에 있는 것으로 나타났다. 공동조사단이 울릉도에서 활동하는 기간에도 벌목공 40명 등 일본인 70명을 태운 일본 선박 4척이 울릉도에 들어왔다.

◉ **1900년대 초 울릉도 주민의 모습** 1882년 울릉도 개척령의 발표에 따라 이듬해 육지에서 54명의 이주민이 처음 울릉도로 건너갔다. 이들은 공도 정책으로 오랫동안 버려졌던 땅에서 한동안 열악하게 생활해야 했다.

우용정은 조사를 마치고 제출한 보고서에 "일본인들이 울릉도에 몇 년만 더 살아도 산에 가득 찬 수목이 메말라 버리고 말 것이다. 그들의 폭동과 행패도 매우 심하다. 일본인이 울릉도에 하루 머물면 하루의 해害가 있고, 이틀 머물면 이틀의 해가 있다"고 적었다. 하지만 조사를 함께 벌인 일본 측의 의견은 정반대였다. 조사위원인 아카쓰카는 보고서에 "울릉도 도민과 일본인 사이의 감정은 매우 좋고, 도민은 일본인에게 많은 편의를 제공받아 기쁘게 여긴다"고 썼다.

우용정은 울릉도의 일본인 행패에 대해 상부에 두 가지 대책을 건의했다. 하나는 울릉도 도민을 지키고 삼림 등을 보전하기 위해 일본인을 즉각 철수시켜야 한다는 것이었다. 이에 대한제국 정부는 일본 정부에 일본인의 조속한 철수를 거듭 요구했지만 일본 측은 미온적인 태도를 보이면서 사실상 이를 거부했다.

다른 하나는 울릉도감이 권한이 없어서 일본인이 업신여기니 관제를 개편하여 실질적인 권한을 부여해야 한다는 것이었다. 울릉도 재개척이 시작된 당시에는 강원도의 지방관이 울릉도의 행정 책임자를 겸하고 있었다. 그러다 울릉도의 이주 사업이 자리를 잡아감에 따라 1895년부터는 도민島民 가운데에서 행정 책임자인 도감을 임명했다. 하지만 도감은 월급도, 부하 직원도 없어서 명예직이나 다름없었다.

행정구역에 포함된 '石島'

대한제국 내부는 우용정과 라포르트, 배계주의 보고서를 검토한 후 울릉도 관제 개정안을 마련했다. '울릉도를 울도鬱島로 개칭하고 도감을 군수로 개정한 건件'이 의정부의 의결과 고종의 재가를 거쳐 1900년 10월 25일 '칙령 제41호'로 반포되고 10월 27일자 관보에 게재됐다. 그 주요 내용은 다음과 같다.

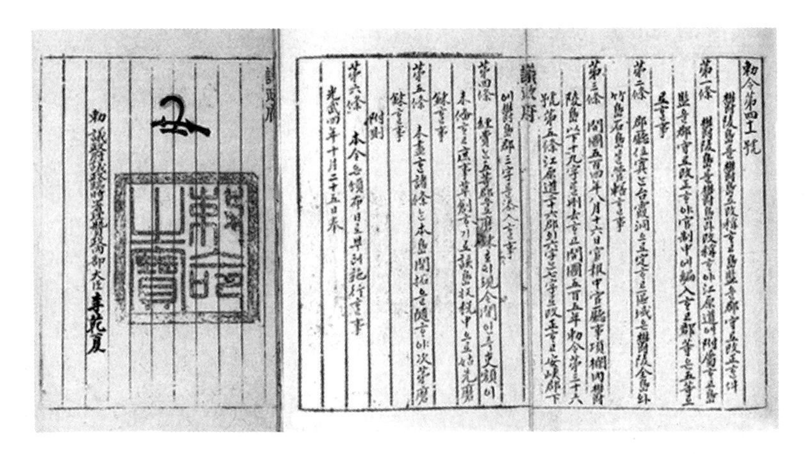

勅令第四十一號

第一條 鬱陵島를鬱島라改稱하야江原道에附屬하고島監을郡守로改正하야官制中에編入하고郡等은五等으로할事

第二條 郡廳位寘는台霞洞으로定하고區域은鬱陵全島와竹島石島를管轄할事

第三條 開國五百四年八月十六日官報中官廳事項欄內鬱陵島以下十九字를刪去하고開國五百五年勅令第三十六號第五條江原道二十六郡의六字는七字로改正하고安峽郡下에鬱島郡三字를添入할事

第四條 經費는五等郡으로磨鍊하되現今間인즉吏額이未備하고庶事草創하기로該島收稅中으로姑先磨鍊할事

第五條 未盡한諸條는本島開拓을隨하야次第磨鍊할事

附則

第六條 本令은頒布日로부터施行할事

光武四年十月二十五日奉

勅 議政府議政臨時署理贊政內部大臣 李乾夏

◉ **대한제국 칙령 제41호** 울릉도를 울도군으로 승격시키면서 석도(독도)를 관할 구역으로 명시했다. 이 칙령의 공포는 독도가 한국 영토임을 국내외에 재천명한 획기적인 일이었다.

제1조 울릉도를 울도로 개칭하여 강원도에 부속하고 도감島監을 군수郡守로 개정하여 관제 중에 편입하고 군등郡等은 5등으로 할 사事

제2조 군청 위치는 태하동台霞洞으로 정하고 구역은 울릉전도全島와 죽도竹島 석도石島를 관할할 사事

칙령 제41호의 공포로 강원도 울진군에 속했던 울릉도는 독립된 군으로 승격됐다. 초대 군수로는 울릉도를 지키는 데 공이 많았던 울릉도감 배계주가 임명됐다. 군이 되자 울릉도에서도 이제 순교巡校, 서기書記, 통인通引 등 하급 관리를 둘 수 있게 됐다. 일본인의 행패로부터 울릉도 도민과 자원을 보호할 수 있는 법적·제도적 장치가 마련된 것이었다.

대한제국 칙령 제41호는 독도 영유권 문제와 관련해서 결정적으로 중요한 의미를 갖는다. 칙령에서 울도군의 행정구역으로 명시된 '울릉전도全島와 죽도竹島 석도石島' 가운데 울릉전도는 울릉도와 그 주변의 작은 섬·바위를 통틀어 가리킨다. 죽도는 현재의 죽도를 말한다. 그리고 석도는 독도이다. 독도가 우리나라의 행정구역으로 공식 편입된 것은 이때가 처음이었다.

대한제국의 관보官報는 국내의 행정기관은 물론 한국에 주재하는 외국 여러 나라의 공관에도 배포됐다. 칙령 제41호를 관보를 통해 공포함으로써 대한제국 정부는 전 세계에 독도가 한국 영토라는 사실을 알린 것이었다. 이에 대해 일본을 포함한 어떤 나라도 이의를 제기하지 않았다.

이 책의 '들어가며'에서 언급한 것처럼 독도는 늦어도 조선 후기 이래 한국 영토로 인식되어 왔다. 조선은 물론 인접국인 일본에서도 마찬가지였다. 대한제국 칙령 제41호는 19세기 후반 이후 동북아시아가 근대 국제법 질서 속으로 들어가는 데 맞추어 독도가 우리 영토임을 법적으로 뒷받침하는 조치였다. 독도 연구의 대가인 신용하 서울대 명예교수는 "(대한제국 칙령 제41호의 공포는) 한국의 고유 영토였던 독도를 근대 국제법 체계에 의해 영토임을 재확인하고 재천명한 획기적인 사건"이라고 평가했다.

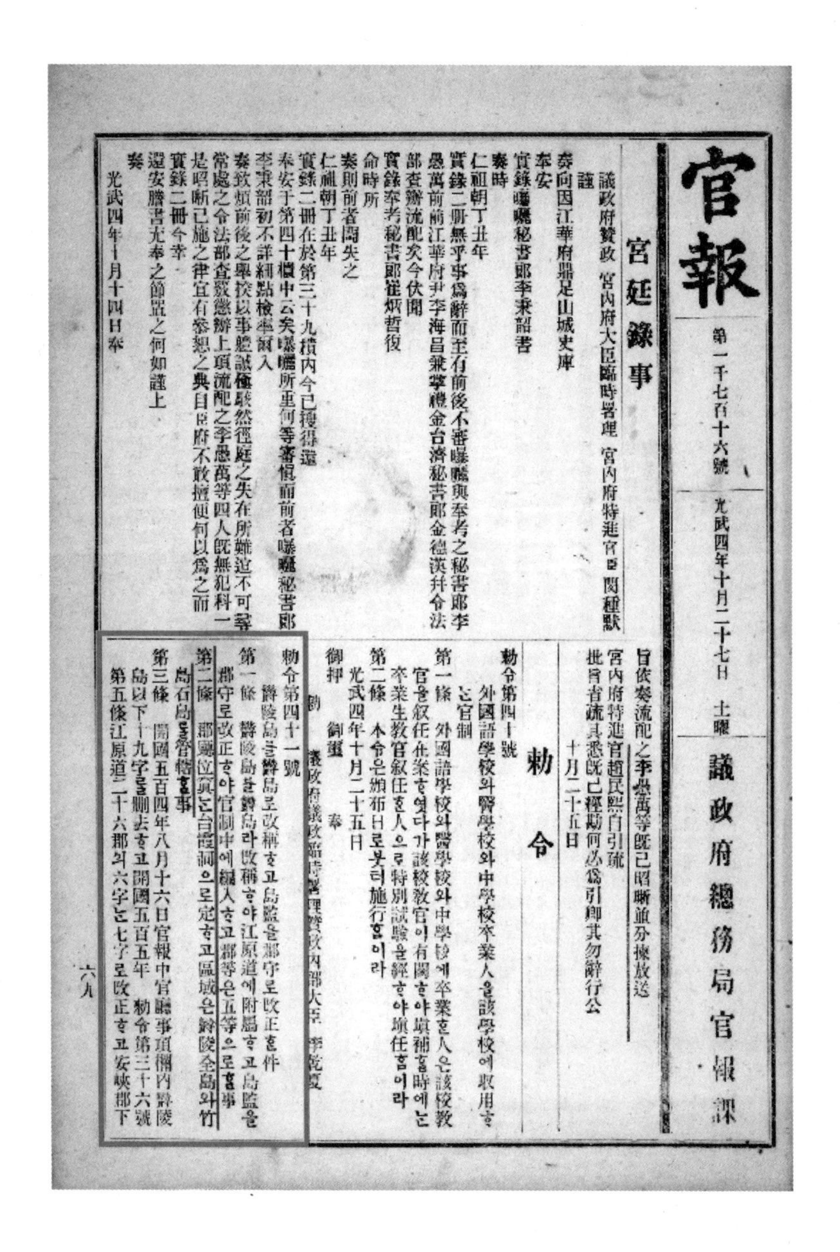
官報

第一千七百十六號 光武四年十月二十七日 土曜

議政府總務局官報課

宮廷錄事

議政府贊政 宮內府大臣臨時署理 宮內府特進官臣 閔種默

謹

奏向因江華府鼎足山城史庫

奉安

實錄曝曬秘書郞李秉韶書

奏時

仁祖朝丁丑年

實錄二冊無乎事爲辭而至有前後不審曝曬與奉考之秘書郞李愚萬前前江華府尹李海昌兼掌禮金台濟秘書郞金德漢幷令法部査辦流配次今伏聞

實錄奉考秘書郞崔炳哲復

命時所

奏則前者闕失之

仁祖朝丁丑年

實錄二冊在於第三十九櫝內今已獲得還

奉安于第四十櫝中云矣曝曬所重何等審愼而前者曝曬秘書郞李秉韶初不詳細點檢率爾入

奏致煩前後之擧揆以事體誠極駭然從庭之失在所難逭不可尋常處之令法部查覈懲辦上項流配之李愚萬等四人旣無犯科一是昭晣已施之律宜有參恕之典自臣府不敢擅便何以爲之而

實錄二冊今幸

還安謄書尤奉之節置之何如謹上

奏

光武四年十月十四日奉

旨依奏流配之李愚萬等旣已昭晣並分揀放送

宮內府特進官趙民熙自引疏

批旨省疏具悉旣已經勘何必爲引卿其勿辭行公

十月二十五日

勅令

勅令第四十號

外國語學校와醫學校와中學校卒業人을該學校에收用ᄒᆞᄂᆞᆫ官制

第一條 外國語學校와醫學校와中學校에卒業ᄒᆞᆫ人은該校教官을叙任在案ᄒᆞ엿다가該校教官이有闕ᄒᆞ야塡補ᄒᆞᆯ時에ᄂᆞᆫ卒業生教官叙任ᄒᆞᆫ人으로特別試驗을經ᄒᆞ야塡任홈이라

第二條 本令은頒布日로부터施行홈이라

光武四年十月二十五日

御押 御璽 奉

勅 議政府議政臨時署理贊政內部大臣 李乾夏

勅令第四十一號

鬱陵島를鬱島로改稱ᄒᆞ고島監을郡守로改正ᄒᆞᆫ件

第一條 鬱陵島를鬱島라改稱ᄒᆞ야江原道에附屬ᄒᆞ고島監을郡守로改正ᄒᆞ야官制中에編入ᄒᆞ고郡等은五等으로ᄒᆞᆯ事

第二條 郡廳位寘ᄂᆞᆫ台霞洞으로定ᄒᆞ고區域은鬱陵全島와竹島石島를管轄ᄒᆞᆯ事

第三條 開國五百四年八月十六日官報中官廳事項欄內鬱陵島以下十九字를刪去ᄒᆞ고開國五百五年 勅令第三十六號第五條江原道二十六郡의六字ᄂᆞᆫ七字로改正ᄒᆞ고安峽郡下

六八

◉ **관보에 게재된 칙령 제41호** 대한제국의 관보에 실린 대한제국 칙령 제41호. 각급 행정기관은 물론 한국에 주재하는 외국 공관에도 배포돼 전 세계에 독도가 한국 영토라는 사실을 알렸다.

전라도 어민이 붙인 '독섬'

대한제국 칙령 제41호에 나오는 '석도'는 독도를 기록한 지명으로는 처음 사용된 것이었다. 독도는 『삼국사기』, 『고려사』, 『세종실록』, 『동국여지승람』 등 우리나라 옛 문헌에서 주로 우산도于山島라고 불렸다. 『성종실록』에는 삼봉도三峰島, 『정조실록』에는 가지도可支島라는 이름이 쓰였다. 하지만 석도라는 명칭은 이 칙령에서만 볼 수 있다.

독도를 석도라고 표기한 이유는 19세기 말 독도 인근까지 와서 어로·채취 활동을 하던 전라도 해안 어민이 독도를 부르던 이름인 '돌섬' '독섬'의 훈訓을 따랐다는 설명이 일반적이다. 왜냐하면 당시는 오랜 공도 정책으로 울릉도와 독도에 관한 우리 사회의 집단 기억이 거의 사라진 뒤였기 때문이다. 그런 상황에서 일 년에 몇 달 낯선 땅에 와서 지내던 전라도 어민이 각종 문헌에 나오는 우산도 등의 이름을 알 리 만무했기에 화산섬인 독도를 눈에 보이는 대로 '돌섬' '독섬'이라 불렀다. 전라도 해안에서는 '돌'을 '독'으로 발음한다. 울릉도 주민은 독도에 자주 다녀오던 전라도 어민이 부르는 이 이름을 그대로 사용했다. 지금도 울릉도에서는 독도를 '돌섬' '독섬'이라고 부른다.

독섬이란 명칭은 울릉도뿐 아니라 전국적으로 알려졌다. 광복 후인 1947년 8월 27일자 남선南鮮경제신문은 「독도는 이런 곳」이

獨島는 이런 곧

絶景의 風光가지고

水産資源이 豊富

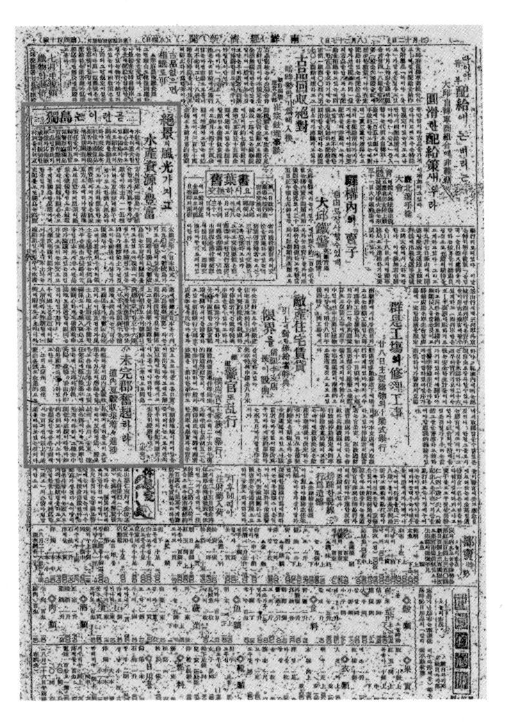

◉ **1947년 8월 27일자 남선경제신문 기사** '독도는 이런 곳'이라는 제목의 기사에서 독도가 '독섬'으로 불린다고 했다. 또 독도가 절경의 풍광을 가졌으며 수산자원도 풍부하다고 소개했다.

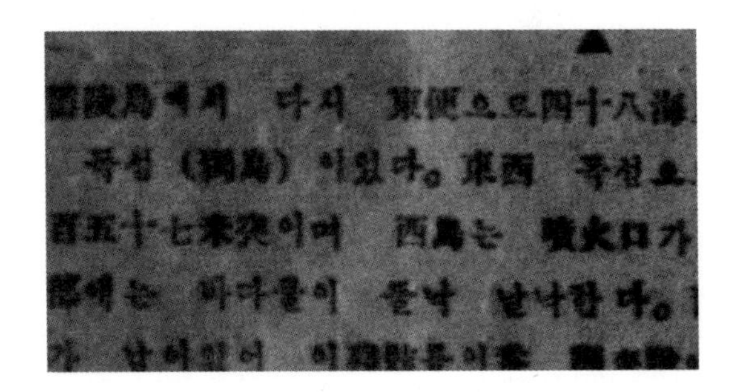

鬱陵島에서 다시 東便으로 四十八海

독섬 (獨島) 이있다。東西 두섬으로

百五十七米突이며 西島는 噴火口가

部에는 바다물이 들낙 날낙한다。

◉ **민속학자 송석하의 조사보고서 중** 울릉도·독도 공동 조사를 이끌었던 민속학자 송석하는 조사보고서에서 독도를 '독섬(獨島)'라고 적었다. 울릉도 주민들이 독도를 '독섬'이라고 불렀다는 사실을 알 수 있다.

라는 기사에서 독도를 "울릉도와는 불가분의 관계를 맺고 있었으며, 현재 '독섬'으로 호칭되고 있다"고 썼다. 1947년 남조선과도정부와 조선산악회의 울릉도·독도 공동 조사를 이끌었던 민속학자 송석하는 『국제보도』 1948년 1월호에 실린 「고색창연한 역사적 유적 울릉도를 찾아서」라는 조사 보고에서 "울릉도에서 다시 동편으로 48해리[약 89km]를 가면 때의 각광을 받은 독섬獨島이 있다"고 썼다. 1948년 8월 한국의 우국노인회는 도쿄의 연합국최고사령부SCAP에 보낸 탄원서에서 독도를 대마도·파랑도와 함께 한국의 영토로 인정해 줄 것을 요청하면서 영어로 'Docksum(독섬)'이라고 표기했다. 이는 모두 독도를 부르는 이름이 '독섬'이었음을 말해준다.

석도라는 이름은 어떻게 나왔을까

앞에서 살펴본 것처럼 대한제국 칙령 제41호는 우용정, 라포르트, 배계주의 보고서를 토대로 만들어졌다. 울릉도를 울도군으로 승격시키자는 내부대신 이건하의 청의서請議書는 "도감 배계주의 보첩報牒과 본부 시찰관 우용정과 동래 세무사[라포르트]의 시찰록을 참호절사參互節查했다"고 적었다. 즉, 칙령 제41호에서 독도를 석도로 표기한 이유는 울릉도 현지 사정에 밝은 배계주는 물론,

우용정과 라포르트도 울릉도 현지 조사를 통해 울릉도 주민이 독도를 '돌섬' '독섬'으로 부른다는 사실을 알았고 이를 한자로 훈을 빌려서 '석도'라고 적었던 것이다.

한편 독도의 경우는 '돌섬' '독섬'의 음을 따라서 표기한 것이다. 이 독도라는 명칭이 처음 나타나는 기록은 1904년 9월 울릉도와 강원도 죽변을 잇는 해저 전신선 부설을 위해 파견된 일본 군함 니타카[新高]호의 행동일지이다. 9월 25일자 일지는 독도를 직접 본 사람에게서 청취한 정보라면서 다음과 같이 기록했다.

> '리앙코루도 암岩'. 한인韓人은 이를 독도라고 쓰고, 본방本邦 어부들은 줄여서 '리양코도島'라고 부른다.

「조선의 울릉도·독도 인식과 관할」이라는 논문으로 한국학중앙연구원 한국학대학원에서 박사 학위를 받은 외교부 홍정원 박사는 여기서 "한인은 이를 독도라고 쓴다[書]"는 표현에 주목했다. 이 부분이 독도를 부르는 이름은 따로 있다는 사실을 암시하고 있다는 것이다. 일본 어부들은 "'리양코도'라고 부른다[呼稱]"는 대칭적인 표현이 이런 추정을 뒷받침해 준다. 이는 당시 독도가 '돌섬' '독섬'으로 불렸고, 이를 한자로 표기하는 과정에서 '석도' '독도'로 표기됐음을 알려 준다는 것이다. 합리적이고 설득력이 있는 주장이다.

그러나 일본 정부와 학자들은 대한제국 칙령 제41호에 나오는 석도가 독도라는 것을 부정한다. 일본 외무성이 2008년에 만든 '다케시마 문제를 이해하기 위한 10개의 포인트'라는 팸플릿은 이와 관련해 다음과 같이 주장한다.

> '석도'가 오늘날의 다케시마('독도')를 가리키는 것이라면, 칙령에는 왜 '독도'라는 명칭이 사용되지 않은 것인가, 왜 '석도'라는 이름이 사용되었는가, 또 한국 측이 다케시마의 옛 명칭이라고 주장하는 '우산도' 등의 명칭이 도대체 왜 사용되지 않았는가, 나아가 '독도'라는 호칭은 언제부터 어떻게 사용하게 되었는가라는 의문이 생깁니다.

홍정원 박사는 왜 독도가 아니라 석도라고 표기했냐는 물음은 우리말 지명을 한자로 표기하는 방식에 대한 이해가 부족한 데에서 나왔다고 지적했다. 독도와 석도는 '돌섬' '독섬'이라는 같은 섬 이름을 한자로 표기하는 방식의 차이일 뿐이라는 것이다. 또 우산도라는 명칭을 사용하지 않은 것은 당시 울릉도 주민에게 우산도는 이미 잊힌 이름이었기 때문이라고 했다.

석도는 관음도다?

1905년 일본에 강제 편입된 독도를 행정적으로 관할했던 시마네현은 그 100주년이 되는 2005년에 '다케시마의 날'을 만드는 등 독도 관련 선전 활동을 대대적으로 펼쳤다. 이를 이론적으로 뒷받침하는 일본 연구자 시모조 마사오는 석도가 독도가 아니라 울릉도 동북쪽에 있는 관음도라고 주장한다.

석도는 도항島項(관음도)이다. 대한제국 정부가 1910년에 간행한 『한국수산지水産誌』에서 죽서竹嶼(죽도)와 서항도鼠項島(관음도)의 두 섬을 울릉도의 속도屬島라 하고 있다. 또 다이쇼[大正] 9년에 간행된 『일본수로지水路誌』에서도 죽도(죽서)와 쌍항초双項礁(관음도)의 두 섬을 속도로 답습하고 있다. 서항도와 쌍항초는 각각 '소코토', '소코쇼'로 읽으며, '칙령 제41호'에 기록된 석도의 발음인 '소쿠토'와 유사하기 때문이다.

즉, 석도와 서항도(관음도)의 일본식 발음이 비슷하다는 이유로 석도가 관음도라는 것이다.

이 주장에 대해 한국의 전문가들은 일단 한자로 표기된 한국 지명을 일본식 발음을 근거로 해석하는 것은 지명 연구자로서 기본이 돼 있지 않은 것이라고 지적한다. 그뿐만 아니라 재일교포 독도 연구자 박병섭은 서항도의 일본식 발음이 '소코토'가 아니라 '소모쿠 소무'이며, 이는 '섬목'이라는 지명과 '섬'의 일본식 발음을 연결한 것이라고 반박했다. 쌍항초의 경우는 '쌍정초双頂礁'의

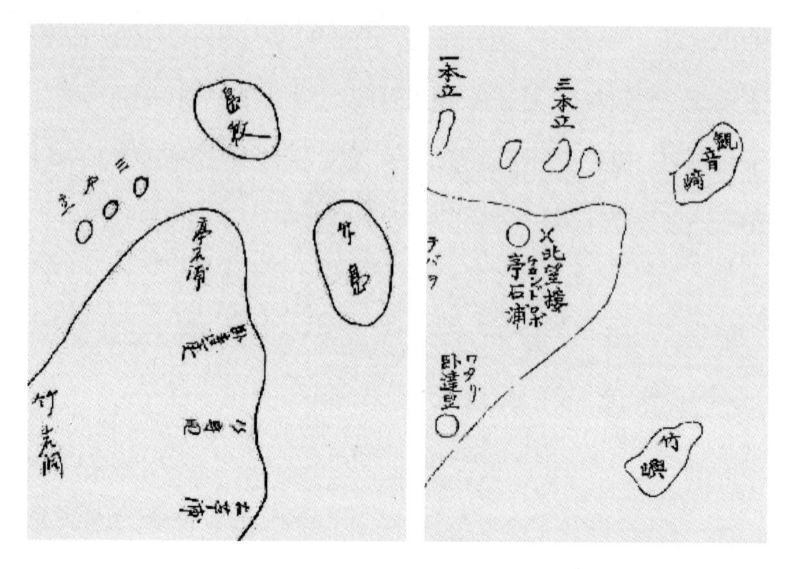

◉ **1900년대 초 지도에 표기된 관음도** 아카쓰카 쇼스케가 쓴 『울릉도 조사 개황』(1900년)의 부속 지도에는 관음도가 '도목(島牧)'으로 표기됐다.(왼쪽) 오쿠하라 헤키운의 『죽도와 울릉도』에 실려 있는 울릉도 지도는 관음도를 '관음기(觀音崎)'라고 표기했다.

잘못으로 섬이 아니라 죽도의 북쪽에 있는 암초일 뿐 관음도가 아니라 했다. 그는 또 『조선수로지』 『일본수로지』 등의 분석을 통해 석도의 발음을 '소쿠토' '석도' 등으로 음독音讀하지 않고 '도루소무' '도리소무'처럼 훈독訓讀했다는 사실을 밝혔다. 시모조의 주장은 이중 삼중의 오류를 범했다는 것이다.

최근에는 이영훈 전 서울대 교수가 석도가 관음도라는 주장을 펼쳤다. 울릉도 주변에 석도로 달리 지목할 섬이 없기 때문에 관음도가 석도라는 것이다. 1900년 무렵까지 이름이 없던 섬에 우용정 등 중앙에서 내려온 대한제국 관리들이 임의로 석도라는 이름을 붙였고, 그 석도가 1910년대 조선총독부의 지방행정제도 개편 때 관음도로 개명됐으리라고 추정했다.

이에 대해 홍성근 동북아역사재단 연구위원은 관음도가 이미 1910년 이전에 관음도 또는 다른 이름으로 표기됐다고 반박했다. 예를 들어 1906년 시마네현 관리들과 함께 울릉도를 방문했던 오쿠하라 헤키운은 자신의 책 『죽도와 울릉도』에 실린 울릉도 지도에 관음도를 관음기觀音崎라고 표기했다. 1900년 우용정과 함께 울릉도를 조사했던 아카쓰카 쇼스케가 쓴 『울릉도 조사 개황』의 부속 지도에는 관음도가 도목島牧으로 표기돼 있다. '도목'은 울릉도 주민이 관음도 맞은편 쪽을 부르던 '섬목'이라는 지명을 훈독(섬→島)과 음독(목→牧)을 섞어서 한자식으로 표기한 지명이다.

대한제국 칙령 제41호의 '석도'가 독도나 관음도 가운데 하나인 것은 분명하다. 한국과 일본은 각각 전자와 후자를 고집한다. 이를 판가름해 줄 다른 명백한 사료가 나오지 않는 상황에서는 정황 증거로 판단할 수밖에 없다. 다음 장에 나오는 1905년 일본이 독도를 자기 영토로 강제 편입했을 때 한국 정부와 지식인이 보인 반응에서 그런 정황 증거를 확인할 수 있다.

청일전쟁 후 크게 늘어난 일본인

다시 앞으로 돌아가서, 1883년 조선 왕조가 울릉도에 대한 공도 정책을 포기하자 울릉도의 주민은 점차 늘었고 정부의 개발과 관할도 강화되어 갔다. 1895년 울릉도 주민 가운데 행정 책임자인 도감을 임명한 데 이어 1900년에는 울릉도를 독립 행정조직인 울도군으로 승격시키고 도감을 군수로 격상해 실권을 부여했다. 1903년에는 군청 소재지를 첫 울릉도 이주민이 정착했던 태하台霞에서 가장 큰 항구가 있는 도동道洞으로 옮겼다.

그런데 울릉도 재개척의 역사는 일본인의 침탈 과정과 맞물려 있다. 19세기 중엽부터 일본인은 느티나무[槻木]를 벌채하기 위해 몰래 울릉도에 들어오기 시작했다. 이들은 조선 정부의 단속이 강화되거나 느슨해짐에 따라 철수와 재침투를 반복하다가 청일전쟁에서 일본이 승리한 뒤 본격적으로 늘어나 200명 선을 유지했다. 대한제국 정부가 1899년과 1900년 잇달아 울릉도에 조사단을 파견한 것은 이렇게 일본인이 증가하면서 발생한 문제점을 파악하기 위해서였다.

본래 울릉도는 개항장이 아니어서 일본인의 상업 활동은 금지돼 있었다. 1883년 조선과 일본이 맺은 통상장정通商章程은 전라·경상·강원·함경도 바닷가에서의 어업 활동만을 허용했다. 따라서 울릉도 근해에서 고기잡이는 할 수 있어도 다른 활동은 금지되어

◉ **20세기 초반의 울릉도 도동** 울릉도 군청은 1903년 첫 이주민이 정착했던 태하에서 가장 큰 항구인 도동으로 자리를 옮겼다. 도동은 일본인들의 왕래가 잦고 몰려 살았던 곳이기도 했다.

있었다. 하지만 일본인은 잡은 고기는 물론 도자기와 같은 물건을 울릉도 주민에게 팔고 건물을 짓는 등 영리 활동을 벌였다. 그뿐만 아니라 대규모로 느티나무를 벌채해 일본으로 무단 반출했고, 그 과정에서 울릉도 주민·관리와 마찰을 빚었다. 1899년 울릉도의 실태를 조사한 배계주와 라포르트의 보고서에도 일본인이 목재 밀반출과 상품 밀매에 종사하고 있고, 그들의 뜻을 거스르면 창과 칼을 휘두르기 때문에 섬 주민이 놀라고 두려워해서 안심하고 살기 어려운 실정이라는 내용이 적혀 있었다.

일본 경찰 주재소까지 세워지다

대한제국 정부가 이런 문제에 손을 놓고 있었던 것은 아니다. 울릉도 현지 조사단의 보고를 토대로 울릉도에 거주하는 일본인의 철수를 일본 정부에 여러 차례 요구했다. 하지만 일본 정부는 울릉도의 일본인이 현지 조선인 관리의 허락을 받아 수목 벌채와 상업 활동을 해 왔다며 책임을 한국 쪽에 돌렸다. 도리어 울릉도 주민도 일본인과의 교역과 접촉을 통해 이득을 얻고 있으니 적절한 조건으로 일본인의 체류를 허가할 것을 요구했다.

이에 대한제국 정부는 다시 1901년 8월 부산해관의 스미스와 김성원 등을 울릉도로 파견했다. 울릉도에 거주하는 일본인의 실태를 또 한 번 조사하기 위해서였다. 그렇게 현지 조사를 마친 스미스와 김성원 일행이 제출한 보고서에는 울릉도에서 일본인이 자행했던 행패가 생생하게 드러난다.

❶ 울릉도에 상주하는 일본인은 약 550명이고, 이 밖에 매년 고기잡이와 벌목을 위해 300~400명이 추가로 울릉도에 들어온다.

❷ 울릉도 거주 일본인의 2대 파벌인 '하다모도 당黨'과 '와기다 당黨'은 섬을 남북으로 나누어 삼림을 차지하고 마음대로 나무를 베고 있으며 울릉도 주민의 벌목을 금지하고 벌금을 징수한다.

❸ 울릉도에 있는 일본 선박은 목재를 싣고 출항 중인 5척을 포함하여

모두 21척이며, 부산 주재 일본영사관의 허가증을 가진 어선 7척과 잠수부정潛水夫艇 3척도 있다.

울릉도 거주 일본인의 행패는 한국 언론에서도 다뤄졌다. 황성신문 1901년 9월 18일자에는 「울도鬱島의 일본인 작폐作梗」란 다음과 같은 기사가 실렸다.

울릉도민 등이 일본인의 작폐 때문에 지난번에 내부內部에 호소하였더니 또 외부外部에 청원하되 "일본인을 철수시키려고 지난해에 정부에서 파견한 관원이 와서 일본 영사와 만나 담판을 짓고 기한을 정했는데도 아직까지 물러가지 않고 지연하더니 올해는 일본인이 많이 우리 섬에 모여들어 땅을 차지하고 느티나무와 다른 재목을 마음대로 베어내는 중에 주민 윤은중이 요긴하게 쓸데가 있어서 느티나무 한 그루를 베었더니 일본인이 패거리로 몰려와서 무수히 난타하며 '네가 어찌 우리 나무를 취하느냐' 하니 최근 정부에서 우리 섬을 일본에 넘겨주었느냐"고 했다더라.

울릉도에 거주하는 일본인의 행패가 사회 문제로 떠오르는 가운데 일본 정부의 조치는 한술 더 떴다. 1902년 3월 부산 주재 일본영사관 소속의 일본 경찰관을 울릉도에 파견하여 주재소를 설치하고 상주시킨 것이었다. 울릉도에 거주하는 일본인과 현지 주민의 마찰을 방지한다는 명목을 내걸었지만 한국 정부와 상의하지 않은 일방적인 행동이었다. 이렇게 파견된 일본 경찰관의 주 임무는 일본인을 보호하고 울릉도 및 부속 섬을 조사·보고하는 것이었다.

한국 정부가 일본 경찰관이 울릉도에 상주한다는 사실을 안 것은 그로부터 반년이 지난 1902년 9월이었다. 강원도 관찰사는 상부에 일본인 경찰관이 울릉도 주민을 연행하기도 하고, 주민 가운데 억울한 일이 있으면 일본인 경찰관에게 호소하는 사람까지 있다고 보고했다. 주권을 침해하는 일본의 행태에 놀란 대한제국 정부는 바로 일본에 울릉도 경찰 주재소의 폐지와 일본인 철수를 요구했다. 하지만 일본 공사 하야시 곤스케는 "울릉도가 오늘처럼 개척된 것은 일본인 도항자渡航者들의 공로 덕분"이라며 이를 거부했다. 한국 정부의 울릉도 경찰 주재소 폐지 요구를 일본이 묵살하는 일이 반복되던 가운데 1904년에 일어난 러일전쟁에서 일본이 승리하면서 이 요구는 결국 관철되지 못했다.

점차 줄어드는 수익성

당초 일본인이 울릉도에 눈독을 들인 것은 경제적 이유 때문이었다. 특히 느티나무 무단 벌목 사업은 상당한 수익성이 있었다.

하지만 수십 년 동안 계속된 일본인의 남벌濫伐로 울릉도의 삼림은 황폐해졌고 벌목 사업의 수익성은 크게 떨어졌다. 1900년 울릉도 한·일 공동조사단에 참여한 부산 주재 일본 영사관보 아카쓰카 쇼스케는 "임산물·해산물·농산물 등 울릉도의 경제적 장래는 유망하지 않으며, 일본인을 울릉도에서 철수시키거나 들어가는 것을 막아도 그 손실은 얼마 되지 않을 것"이라고 보고했다.

울릉도 삼림 벌채권은 1896년 2월 고종이 러시아 공사관으로 피신한 아관파천 후 각종 이권들이 러시아에 넘어갈 때 압록강·두만강 유역 삼림 벌채권과 함께 블라디보스토크를 거점으로 활동하던 러시아 상인 이바노비치 브린너에게 팔렸다. 그러고 나서 브린너의 벌채권을 넘겨받은 베조브라조프는 압록강·두만강 유역에 집중하고 울릉도에는 별 관심을 쏟지 않았다. 압록강·두만강 유역에 비하면 울릉도는 규모도 작았고, 무엇보다도 수익성 있는 느티나무는 이미 일본인이 거의 벌채한 상태였기 때문이다.

두 섬의 군사 전략적 중요성

경제적 유인이 떨어졌음에도 일본 정부가 경찰 주재소까지 설치하면서 울릉도에 관심을 기울인 이유는 동북아 전략에서 울릉도가 차지하는 지정학적 중요성 때문이었다. 대륙 침략을 노리는

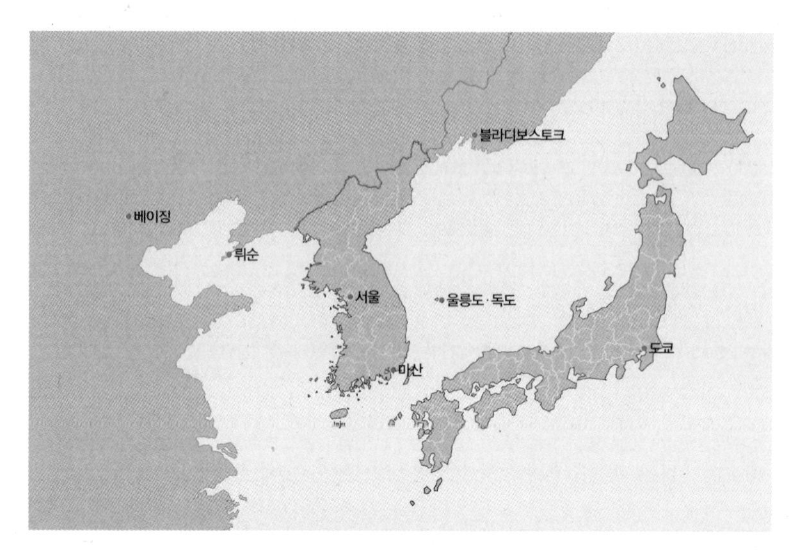

◉ **독도와 울릉도의 지정학적 중요성** 대륙 침략을 노리는 일본과 남하 정책을 펴는 러시아 모두에게 동해 한복판의 울릉도와 독도는 놓칠 수 없는 전략적 요충지였다.

일본이나 남하 정책을 펴고 있던 러시아는 모두 동해 한복판에 자리 잡은 울릉도를 차지해야 할 필요성을 느끼고 있었다. 러시아의 동해 종단縱斷 구상과 일본의 동해 횡단橫斷 구상이 교차하는 지점이 울릉도였다.

러시아 군함은 1899년 말부터 몇 차례 울릉도에 들러 섬 전체를 측량하면서 군사기지를 건설할 장소를 물색하거나 일본인의 동정을 살폈다. 러시아는 태평양으로 향하는 전진기지인 블라디보스토크와 중국 요동반도에 군사기지로 건설한 여순[뤼순]을 바닷길로 연결하기를 원했고, 그 중간 지점에 위치한 마산포를 조선 정부로부터 조차하려고 했다. 그리고 블라디보스토크와 마산포의 중간거점으로 울릉도에 눈독을 들인 것이다.

일본은 일본대로 울릉도의 가치를 중시했다. 러시아의 남하를 막고 한국과 중국을 침략하기 위해서는 동해를 장악해야 할 필요성이 있었는데, 울릉도가 그 한가운데에 있었기 때문이다. 그래서 러시아가 가져간 울릉도 삼림 벌채권을 인수하기 위해 베조브라조프와 협상을 벌이기도 했다. 조건이 맞지 않아서 협상이 결렬된 뒤에는 울릉도를 침탈하고 군사 전략적으로 이용하는 데 전력을 기울였다.

바야흐로 울릉도는 일본과 러시아가 동북아의 패권을 놓고 벌이는 한판 승부의 무대로 떠오르고 있었다. 울릉도의 부속 섬인 독도도 그 영향을 받을 수밖에 없었다.

2

시마네현에
강제 편입된 작은 섬

1905~1945년

나카이 요자부로
야마자 엔지로
시마네현 고시 제40호
심흥택

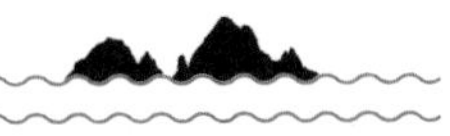

1904년 9월 초 오키섬을 근거지로 활동하던 일본인 수산 사업자 나카이 요자부로가 독도 인근 바다의 강치잡이 독점권을 얻기 위해 도쿄로 향했다. 1885년 이래 블라디보스토크와 한반도 연해에서 잠수기 어업을 하며 사업의 부침을 겪고 있던 그는 1903년 5월과 1904년 5월 두 차례 일본 어부들을 이끌고 독도로 건너가 강치잡이를 했다. 마침 러일전쟁을 앞두고 강치의 가죽과 기름값이 급등하던 때라서 수익성은 높았다. 하지만 일본 땅 가운데 독도에서 가장 가까운 오키섬은 물론, 인근 각지에서 수산 사업자들이 몰려들어 치열한 경쟁을 벌이는 것이 문제였다.

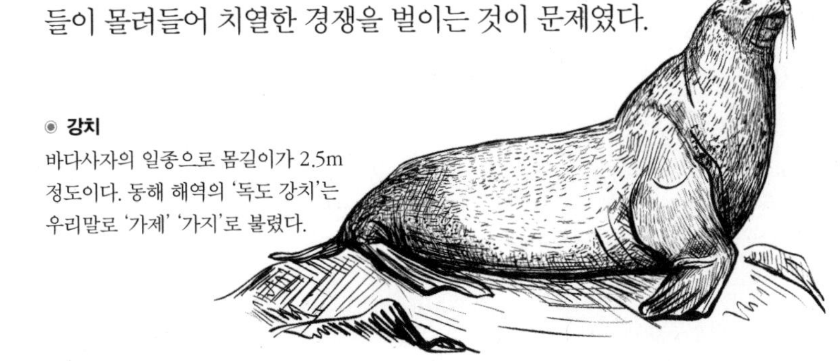

◉ **강치**
바다사자의 일종으로 몸길이가 2.5m 정도이다. 동해 해역의 '독도 강치'는 우리말로 '가제' '가지'로 불렸다.

나카이의 목적은 원래 강치잡이였다

도쿄에 도착한 나카이는 수산업의 주무 부서인 농상무성 수산국장 마키 보쿠신을 찾았다. 일본 해군이 만든 해도海圖에 독도는 『일본수로지』가 아니라 울릉도와 함께 『조선수로지』에 실려 있었다. 독도에서 강치잡이를 할 때 해도를 본 그는 독도를 한국 영토라 생각하고 마키 국장에게 조선 정부로부터 독도를 임차할 수 있는 방법을 물었다. 나카이가 오키도청에 제출한 「다케시마 경영의 개요」라는 글에는 "본도(독도)가 울릉도에 부속되어 조선의 영역인 것으로 생각하여 장차 통감부에 이를 요청하고자 상경하여"라고 당시 상황이 설명되어 있다.

그런데 마키 국장은 나카이에게 독도가 조선 영토가 아닐 수도 있다며 해도를 만든 해군성의 수로부장 기모쓰키 가네유키를 만나서 물어보라고 했다. 기모쓰키는 나카이에게 ▲독도의 소속은 확실히 증명할 증거가 없고 ▲한국과 일본 양국에서 거리를 측정하면 일본이 10해리

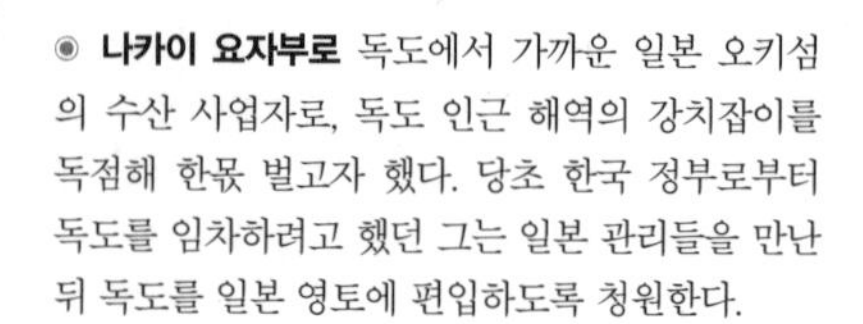

◉ **나카이 요자부로** 독도에서 가까운 일본 오키섬의 수산 사업자로, 독도 인근 해역의 강치잡이를 독점해 한몫 벌고자 했다. 당초 한국 정부로부터 독도를 임차하려고 했던 그는 일본 관리들을 만난 뒤 독도를 일본 영토에 편입하도록 청원한다.

더 가까우며 ▲한국인은 독도를 경영한 흔적이 없지만 일본인은 이미 독도를 경영했기 때문에 일본 영토에 편입해야 한다고 말했다. 이 말에 따라 나카이는 9월 29일 일본 정부가 독도를 영토로 편입한 후 자신에게 대여해 줄 것을 요청하는 서류를 제출했다.

그러나 나카이의 청원에 대해 내무성 담당자는 "한국 영토로 생각되는 작은 일개 불모不毛의 암초를 손에 넣어 주위에서 지켜보는 외국에게 우리나라가 한국을 병탄할 야심이 있다는 의심을 주는 것은 득보다 실이 많고, 사태가 쉽지 않다"며 청원이 각하될 것이라고 말했다. 뒤에 살펴보겠지만 일본 내무성은 메이지유신 얼마 뒤인 1877년 일본의 지적地籍을 편찬하면서 관련 역사 자료에 대한 면밀한 검토를 거쳐 "울릉도와 독도는 일본과 관계가 없다"는 태정관지령의 공포를 주도한 바 있었다. 그로부터 30년 가까이 지난 이 당시에도 태정관지령은 효력이 살아 있었고, 그동안 일본 정부가 만든 지도도 울릉도와 독도를 한국 영토로 표기해 왔으므로 내무성 담당자의 반응은 당연했다.

하지만 나카이는 포기하지 않았다. 그는 지인의 소개로 야마자 엔지로 외무성 정무국장을 찾아갔다. 외무성의 실세인 야마자는 "외교상의 일은 다른 성省에서 관여할 바가 아니고 작은 바위섬 편입은 사소한 사건일 뿐이다." "시국이야말로 그 영토 편입을 급하게 요청한다. 망루를 세우고 무선 혹은 해저 전선을 설치하면 적함敵艦 감시상 대단히 그 형편이 좋아지지 않겠느냐"며 나카이

◉ **야마자 엔지로** 도쿄대를 졸업한 일본의 정예 외교관으로 한국과 중국에 근무하면서 침략에 앞장섰다. 자신을 찾아온 나카이 요자부로에게 독도 영토 편입 청원을 제출하도록 강력하게 종용했다.

를 격려 고무했다.

이후 사태는 야마자가 말한 대로 진행됐다. 일본 정부는 1905년 1월 28일 각의閣議에서 나카이의 청원을 승인했다. 그 결정문의 주요 부분은 다음과 같다.

오키섬[隱岐島]에서 서북으로 85해리에 있는 이 무인도는 타국에서 이를 점유했다고 인정할 만한 형적形跡이 없고, 2년 전 우리나라 사람 나카이 요자부로라는 자가 어사漁舍를 짓고 근로자를 옮겨 와서 엽구獵具를 갖추어서 강치잡이에 착수하여 이번에 영토 편입 및 대여를 출원하게 된 바 이에 소속 및 섬 이름을 확정할 필요가 있으므로 이 섬을 다케시마[竹島]라 명명하고, 지금부터 시마네현[島根縣] 소속 오키[隱岐]도사島司의 소관으로 한다.

일본 내무성은 각의의 결정을 관내에 고시하도록 시마네현에 지시했다. 이에 따라 시마네현은 1905년 2월 22일 "오키섬에서 서북으로 85해리[약 157km]에 있는 섬을 다케시마[竹島]라고 칭하며, 지금부터 본 현本縣 소속 오키도사島司의 소관으로 정한다"라는 내용의 '시마네현 고시 제40호'를 발표했다.

나카이는 독도 인근 바다에서 강치잡이 독점권을 확보하는 것이 목적이었다. 그는 독도가 한국 영토라고 생각해 한국 정부로부터 독도를 임차하려고 했다. 그런데 도쿄에서 일본 정부 인사를 만나 그 방법을 묻는 과정에서 갑자기 방향을 바꾸어 독도를 일본 영토로 편입해서 자신에게 대여해 달라는 청원서를 일본 정부에 제출하게 됐다. 이는 그가 만난 일본 정부 핵심 인사들의 유도와 종용에 따른 것이었다.

러일전쟁 승리를 위해 탈취한 독도

일본 정부 핵심 인사들이 독도를 탈취하려고 한 것은 절정을 향해 치닫고 있던 러일전쟁 때문이었다.

러일전쟁은 1904년 2월 8일 중국 여순 군항軍港의 러시아 해군을 일본 함대가 기습 공격하면서 시작되었다. 러시아가 차지하고 있던 여순과 봉천[센양]이 1905년 1월과 3월 차례로 함락되면서 사실상 육상 전투는 일본이 승리했다. 하지만 해상 전투는 만만치 않았다. 여순항과 블라디보스토크항에 배치돼 있던 러시아의 태평양 함대는 일본 해군에 여러 번 타격을 가했다. 더구나 러시아가 해군의 주력인 발틱 함대를 러일전쟁에 투입하기로 결정하면서 동북아시아 바다의 긴장은 크게 높아졌다.

이런 가운데 1904년 9월 일본 정부는 머지않아 동해에서 벌어질 러시아와의 대결전을 앞두고 대책 마련에 부심하고 있었다. 일본 해군은 동해에 가까운 규슈[九州] 및 주고쿠[中國] 지방의 연안과 한국 동남해안의 죽변·울산·거문도·제주도 등에 망루를 설치하고 해저 전선으로 연결했다. 울릉도에도 동·서 망루가 활동을 개시했고, 죽변으로 이어지는 해저 전선이 개통됐다. 독도에 망루를 설치하려는 계획 역시 이때 세워졌다.

나카이가 일본 정부 인사들을 만난 것은 바로 이 무렵이었다. 군사 전략적 목적에서 독도를 노리고 있던 일본 정부는 경제적 이익을 꾀하던 나카이에게 영토 편입원을 내라고 부추겼다. 야마자가 나카이에게 한 말은 그런 속셈을 생생하게 보여준다.

독도를 일본 영토에 강제 편입한 뒤 일본 해군은 독도에 망루를 설치했다. 1905년 6월 해군 군함 하시다케[橋立]가 독도에 상륙하여 현지 조사를 실시했고, 7월 말 망루를 기공하여 8월 19일부터 활동에 들어갔다. 11월 9일에는 독도와 일본 마쓰에 사이에 해저 전선이 부설되면서 강원도 죽변~울릉도~독도~일본 마쓰에로 연결되는 군용 통신선이 완성됐다.

독도를 강제 편입하여 동해를 군사적으로 완전히 장악하려는 일본 정부의 계산은 적중했다. 일본 해군이 발틱 함대에 최종 승리를 거둔 곳이 바로 울릉도·독도 해역이었다. 1905년 5월 27일 대마도 부근에서 발틱 함대는 일본 해군에 대패했다. 그다음 날 울릉도 서남쪽 바다에서 사령관이 부상으로 의식을 잃은 채 일본군에게 포로로 잡혔고, 남은 병력은 독도 동남쪽 바다에서 일본군에게 투항했다. 울릉도와 독도 해역은 일본 해군의 앞마당이었다. 19세기 후반~20세기 초 동북아 국제관계사에 정통한 최문형 한양대 명예교수는 "일본이 울릉도와 독도를 점령한 목적은 러일전쟁, 특히 러시아 발틱 함대의 내도來到에 대비하기 위한 기지 확보용이었다"고 지적했다.

'주인 없는 섬'?

일본은 독도의 존재를 잘 알고 있었다. 일본에서는 오래전부터 울릉도를 다케시마[竹島], 독도를 마쓰시마[松島]라고 불러 왔다.

17세기 말 안용복 사건을 계기로 조선 정부와 일본 막부 사이에 국경 분쟁이 발생했을 때 울릉도와 더불어 독도도 조선 영토로 결론이 났다. 나중에 자세히 살펴보게 될 내용처럼 메이지유신 이후 태정관지령에 의해 독도는 다시 한번 일본 땅이 아닌 것으로 판정됐다. 그런데도 일본 정부는 1905년에 갑자기 무주지無主地인 섬을 발견했다며 이를 서양인이 부르는 '리앙쿠르 암초Liancourt Rocks'의 일본식 표기인 '량코도[りゃんこ島]'라 칭하더니 '다케시마'라는 이름을 새로 붙여서 일본 영토에 편입시켰다.

일본이 이렇게 복잡한 방법을 사용한 것은 태정관지령太政官指令 때문이었다. 입법·사법·행정을 통할하는 국가 최고기구였던 태정관의 지령은 법률 이상의 의미를 지녔는데, 그중에서도 특히 영토에 관한 결정은 헌법의 영토 조항에 해당했다. 따라서 독도를 법률보다도 하위인 내각 결의에 의해 일본 영토로 편입한 것은 일본의 국내법 체계에 맞지 않았다.

더구나 태정관지령은 근대 국제법이 성립한 이후에 만들어졌기 때문에 일본 정부의 공식 문서를 모은 『태정류전太政類典』『공문록公文錄』에 등재되어 있으며 국제법상 국가의 일방적 법률 행위인 '통고notification'에 해당한다. 즉, 일본 정부가 울릉도와 독도에 대한 한국의 영토 주권을 명시적으로 승인한 결정문이나 다름없다.

메이지유신에 의해 근대 국가로 탈바꿈한 일본이 국내법과 국제법을 어기면서 독도를 영토로 편입할 수는 없었다. 그래서 독도를 일본이 알던 '마쓰시마'가 아니라 새로 발견한 섬으로 만들어 버린 것이었다.

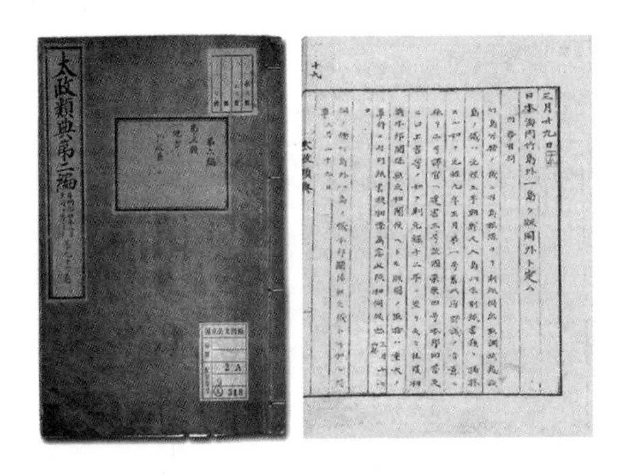

◉ (위)『**태정류전**』(아래)『**태정관지령**』 일본 최고 국가기관이었던 태정관에서 낸 공식 문서를 모아놓은 『태정류전』에는 울릉도와 독도가 일본과는 관계 없음을 명시한 '태정관지령'이 실려 있다. 이 문서로 인해 일본은 독도를 자기 영토로 편입할 수 없어서 무주지로 만드는 편법을 썼다.

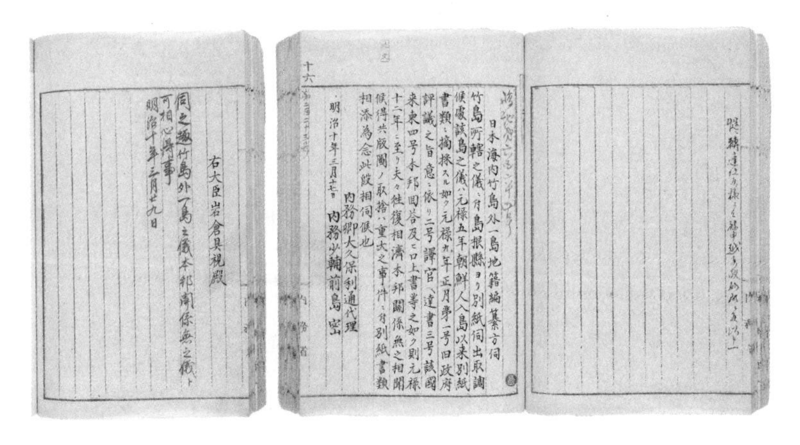
十六
日本海内竹島外一島地籍編纂方伺
竹島所轄之儀ニ付島根縣ヨリ別紙伺出取調候處該島之儀ハ元禄五年朝鮮人入島以来別紙書類ニ摘採スル如ク元禄九年正月第一号旧政府評議之旨意ニ依リ二号譯官ヘ達書三号該國来柬四号本邦回答及ヒ口上書等之如ク則元禄十二年ニ至リ夫々往復相濟本邦關係無之相聞候得共版圖ノ取捨ハ重大之事件ニ付別紙書類相添為念此段相伺候也
明治十年三月十七日
内務卿大久保利通代理
内務少輔前島密

右大臣岩倉具視殿
伺之趣竹島外一島之儀本邦關係無之儀ト可相心得事
明治十年三月廿九日

'량코도 설'의 유포

독도를 새로 발견한 섬으로 간주하는 수법은 1905년에 갑자기 나온 것이 아니었다. 일본의 대륙 침략을 모색하던 국가주의 단체 흑룡회는 1901년 3월 『흑룡회 회보會報』 제1호에 "울릉도에서 동남으로 30리, 우리 제국帝國의 오키도에서 서북으로 거의 같은 거리 해중海中에 세상 사람이 알지 못하는 무명의 섬이 있다. 이 섬은 아직 영국 해도에서 실리지 않았고, 일본과 러시아 해도에도 실리지 않았다"는 글을 실었다. 이어 1901년 5월 일본의 유명 학술지 『지학잡지地學雜誌』에 "울릉도 동남 삼십리 해중에 량코도라 하는 섬을 얻었는데 그 섬은 천하지도에도 오르지 아니하였다"는 글이 실렸다.

'량코도 발견' 설을 유포한 사람은 흑룡회 간부 구즈우 슈스케였다. 그는 한국 연안의 어장을 몇 년 동안 조사하여 일본 어민의 한국 진출 방략을 담은 『한해통어지침韓海通漁指針』을 썼다. 이 책은 "오키섬에서 120km 떨어진 곳에 연안 굴곡이 매우 심하고 어선이 정박하여 풍랑을 피하기 좋은 량코도가 있다"고 적었다. 구즈우와 함께 한국 어장을 시찰하고 이 책의 서문을 쓴 사람이 바로 농상무성 수산국장 마키 보쿠신이었다. 이런 정황은 일본 정부 인사와 우익 인사들이 진작부터 독도에 눈독을 들이고 있었음을 말해 준다.

'무주지 도서 발견→일본인의 이주나 경제활동→영토 편입'은 일본이 메이지유신 이후 인접 해양의 섬을 영토에 편입할 때 사용한 전형적인 수법이었다. 동중국해의 센카쿠 열도[尖角列島](1895년), 태평양의 미나미토리시마[南鳥島](1898년)가 이 수법에 의해 일본 영토로 편입됐다. 특히 센카쿠 열도는 군사적·지리적 요충지에 눈독을 들이던 일본이 청일전쟁에서 승리가 확실해지자 영토에 편입시켰다는 점에서 러일전쟁의 혼란을 틈타 영토에 편입시

◈ **센카쿠 열도의 일본 영토 편입 과정**

1885년	10~12월	오키나와 지사가 국표(國標) 건설을 건의 일본 내무 · 외무성, 연기하도록 답신
1890년	1월	오키나와 지사, 수산 단속 위해 관할 정하도록 상신
1893년	11월	오키나와 지사, 어민 단속 위해 관할 정하도록 또 상신
1894년	8월	일본, 청국에 대해 선전포고
	9월	황해 해전으로 일본이 제해권 획득
	11월	청국, 일본에 대해 강화 제의
	12월 27일	센카쿠 영토 편입 건, 각의에 제출
1885년	1월 21일	일본 각의에서 센카쿠 편입 결정
	4월 17일	청 · 일, 시모노세키 강화조약 체결

◈ **독도의 일본 영토 편입 과정**

1904년	2월 8일	일본 연합 함대, 여순항 밖에서 러시아 함대 공격
	2월 10일	일본, 러시아에 선전포고
	2월 23일	한일의정서 조인
	9월 2일	울릉도 망루 활동 시작
	9월 25일	일본 군함 대마호(號), 울릉도에서 독도 관련 일지 작성
	9월 29일	나카이, '량코도 영토 편입원' 제출
	11월 20일	대마호, 독도 도착 첫 조사
1905년	1월 28일	일본 각의, 죽도(독도) 편입 결정
	5월 27일	일본 함대, 동해 해전에서 러시아 발틱 함대 격파
	8월 19일	독도 망루 활동 개시
	9월 5일	러 · 일, 포츠머스 강화조약
	11월 9일	해저 전신선 완공(죽변~울릉도~독도~시마네현 마쓰에)

출처: 허영란 울산대 교수의 논문 「명치기 일본의 영토 경계 획정과 독도」

킨 독도의 판박이 선례였다. 센카쿠 열도와 독도의 일본 영토 편입 과정을 정리한 표가 이를 잘 보여 준다.

일본이 보낸 독도 시찰단

1906년 3월 28일 일본 시마네현이 파견한 '다케시마 관민官民 합동시찰단'이 울릉도에 나타났다. 1년 전 독도의 일본 영토 강제 편입에 따라 이를 관할하게 된 시마네현이 현지 상황을 파악하기 위해 파견한 시찰단이었다. 책임자는 시마네현 제3부장 진자이 요시타로였으며, 45명이라는 큰 규모로 조직됐다. 독도(다케시마)가 속한 오키섬의 도사島司 히가시 분스케를 비롯한 관리가 중심이었지만 독도 영토편입원을 냈던 나카이 요자부로, 시마네현의

◉ **일본 시마네현 독도 시찰단** 독도를 일본 영토로 강제 편입하고 1년 뒤인 1906년 3월 시마네현이 파견한 독도 시찰단이 오키섬 청사 앞에서 찍은 사진. 시찰단에는 독도 편입 청원을 제출한 나카이 요자부로도 포함돼 있었다.

학교 교장 출신인 오쿠하라 헤키운 등 민간인도 포함됐다. 이들은 3월 26일 일본을 떠났고 3월 27일 독도에 들러 동도와 서도를 둘러본 뒤에 울릉도에 도착한 것이었다.

시마네현 독도 시찰단은 울도군수 심흥택을 방문했다. 1902년 말 울도군수에 임명된 심흥택은 1907년 3월까지 재임하면서 격동기의 울릉도와 독도 문제를 처리했다. 시찰단 단장인 진자이가 심흥택 울도군수에게 한 말은 일본 현지 신문에 다음과 같이 전한다.

> 나는 대일본제국 시마네현에 근무하는 공무원이다. 귀도貴島와 우리 관할에 해당하는 다케시마[竹島]는 인접해 있고, 또 귀도에 건너오는 우리나라 사람이 많은데 이들을 잘 살펴주기 바란다. 처음부터 귀도를 방문할 예정이었으면 선물을 휴대하였겠지만 이번에는 피난을 위해 우연히 섬에 도착했기 때문에 아무것도 증정할 것이 없다. 다행히 다케시마에서 강치를 잡아왔으니 이를 받아주면 대단히 감사하겠다.
>
> – 산인[山陰]신문 1906년 4월 1일

일본이 독도를 일본 영토로 강제 편입한 '시마네현 고시 제40호'는 시마네현이 내는 현보縣報와 지방신문에 조그맣게 게재됐을 뿐 중앙 정부가 발행하는 관보官報에는 공시되지 않았다. 따라서 당시에 우리 정부는 이를 알지 못했다.

독도가 일본 영토라는 말에 깜짝 놀란 심흥택은 다음날 바로 이를 상급기관인 강원도에 보고했다. 그가 강원도 관찰사에게 보낸 보고서의 주요 내용은 다음과 같았다.

> 본 군本郡 소속 독도가 외양外洋 100여 리 밖에 있사옵더니 본 월本月 초4일에 윤선輪船 한 척이 군내 도동포道洞浦에 정박했는데, 일본 관인官人 일행이 관사로 와서 이르기를 "독도가 이제 일본 영지가 된 고로 시찰차 방문했다"고 말했습니다.

보고서를 본 강원도 관찰사 서리 이명래는 사안의 중요성을 감안하여 심흥택의 보고서 내용을 그대로 국정 최고기관인 의정부에 올렸다. 이에 대해 의정부 참정대신 박제순은 5월 20일에 "보낸 보고는 모두 읽어 보았다. 독도가 일본 영토라는 말은 전혀 근거가 없다. 그 섬의 형편과 일본인의 행동거지를 다시 조사해서 보고하라"고 지시했다.

앞서 살펴본 대로 일본 학자들은 대한제국 칙령 제41호에 나오는 석도가 독도가 아니라 관음도라고 주장한다. 칙령 제41호는 울도군의 행정구역으로 '울릉전도全島' '죽도' '석도'를 적시했다. 죽도가 지금의 죽도라는 데에는 이견이 없다. 그런데 심흥택 군수는 '본 군 소속 독도'라고 했다. 그러면 석도는 독도일 수밖에 없다. 심흥택 보고서야말로 석도를 둘러싼 논란에 쐐기를 박는 결정적 증거이다.

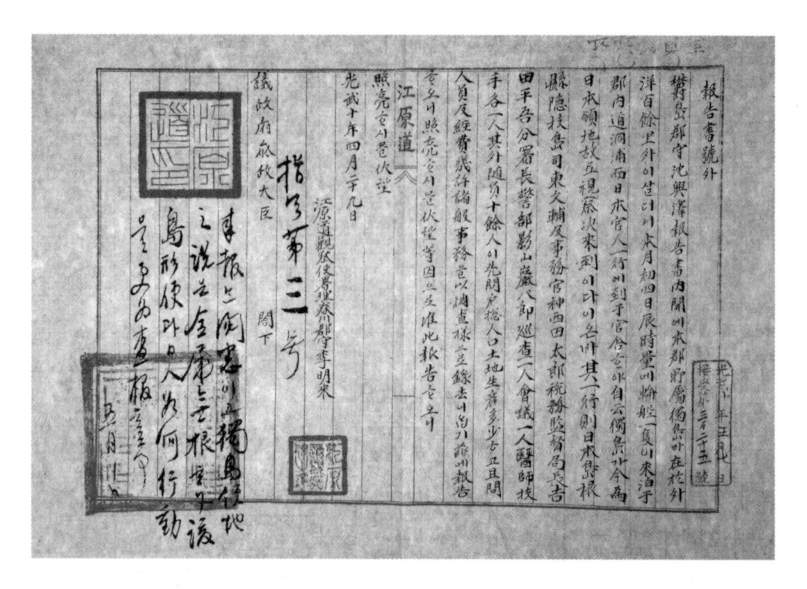
報告書號外

鬱島郡守沈興澤報告書內開에本郡所屬獨島가在於外洋百餘里外이살더니本月初四日辰時量에輪船一隻이來泊于郡內道洞浦而日本官人一行에到于官舍하야自云獨島가今爲日本領地故로視察次來到이다이온바其一行則日本島根縣隱岐島司東文輔及事務官神西田太郎稅務監督局長吉田平吾分署長警部影山巖八郎巡查一人會議一人醫師技手各一人其外隨員十餘人이先問戶摠人口土地生産多少하고且問人員及經費幾許諸般事務를以調查樣으로錄去이압기玆에報告하오니照亮하시믈伏望等因으로准此報告하오니照亮하시믈伏望

光武十年四月二十九日

江原道觀察使署理春川郡守李明來

議政府參政大臣 閣下

指令第三號

來報는閱悉이고獨島領地之說은全屬無根하니該島形便과日人如何行動을更爲查報할事

◉ **심흥택 보고서** 시마네현 독도 시찰단에게서 독도를 일본 영토로 편입했다는 말을 듣고 울도군수 심흥택이 바로 상급기관에 제출한 보고서. 이를 읽은 의정부 참정대신 박제순은 "(일본의 행위는) 전혀 근거가 없으니 자세히 조사하라"고 지시했다.

당시 언론과 지식인들의 반응

일본이 독도를 자기 영토에 강제 편입했다는 소식은 한국인에게 큰 충격이었다. 당시 언론은 이 문제를 앞다투어 보도했다. 1906년 5월 1일자 대한매일신보는 "내부에서 지령하기를 독도를 가리켜 일본에 속한 땅이라고 한 것은 이치에 맞지 않으니 지금 보고한 내용이 몹시 놀랍다고 하였다"고 전했다. 같은 날짜 제국신문과 5월 9일자 황성신문에도 비슷한 내용의 기사가 실렸다.

한말 한국 지식인이 독도를 우리 영토로 생각했음은 우국지사 황현의 저술에서도 알 수 있다. 『매천야록梅泉野錄』 1906년 음력 4월조條는 "울릉도 바다 동쪽 백 리 떨어진 곳에 섬 하나가 있는데 독도라고 한다. 예로부터 울릉도에 속했는데 왜인倭人들이 자기네 영토라고 억지를 쓰며 자세히 조사해 갔다"고 했다. 『오하기문梧下記文』은 "울릉도 백 리 밖에 하나의 속도屬島가 있는데 독도라고 한다. 왜인들이 이제 일본 영토가 되었다고 하며 자세히 조사해 갔다"고 적었다. 이들 문장에는 한국 영토인 독도를 일본이 빼앗아 갔다는 인식이 자연스럽게 드러난다.

의정부와 내부의 지시가 그 후에 어떻게 이행됐는지에 관한 기록은 보이지 않는다. 하지만 이와 관련, 1906년 5월 8일자 제국신문 기사에서 "내부에서 훈령하기를 점령하였다는 말은 근거가 없는 일이니 정 이상하거든 일본 리사에게 교섭하여 처단하라 하였다더라"라고 한 구절을 주목할 수 있다. 외교부 홍정원 박사는 '일본 리사'는 1906년 2월 통감부의 지방기구로 설치된 이사청理事廳을 가리키는 것으로 대한제국 정부가 이 문제를 통감부에 조회했다는 방증이라고 주장했다. 그는 또한 통감부가 내부에 울도군의 소속 도서와 군청 설치 시기를 알려 달라는 공문을 보냈고, 내부가 울도군의 연혁과 관할 도서가 죽도·석도라고 답했다는 황성신문 1906년 7월 13일자 기사도 마찬가지라고 보았다. 대한제국 정부가 독도 문제와 관련하여 일본 측과 접촉했다는 것이다.

울릉도와 처음으로 분리된 독도

독도는 1905년 일본의 강제 편입에 의해 한국 영토에서 떨어져 나갔다. 독도가 울릉도와 분리된 것은 이 때가 처음이었다. 생활 공간과 마실 물이 부족한 독도는 지리적으로 울릉도의 속도일 수밖에 없었다. 그런데 이제 더 멀리 떨어진 일본 오키섬의 속도가 되고 말았다. 한국인에게 독도는 이후 일본의 침략에 빼앗긴 첫 번째 영토로 기억되었나.

이와 관련하여 흥미로운 논쟁이 2019년 가을 『주간조선』에서 벌어졌다. 이영훈 전 서울대 교수는 2019년 7월 간행된 『반일 종족주의』에 수록된 「독도, 반일 종족주의의 최고 상징」이라는 글에서 1911년 미국 로스앤젤레스의 한국 교민들이 출간한 이승만의 『독립정신』에 실려 있는 '죠션디도'를 소개했다. 그는 '죠션디도'

◉ **'죠션디도' 속 울릉도**(왼쪽)**와 제주도**(오른쪽) 1911년 미국 로스엔젤레스에서 출간된 이승만의 『독립정신』에 실려 있는 '죠션디도' 속 울릉도와 제주도의 지명 표기. 섬의 오른쪽에는 섬의 이름, 왼쪽에는 행정지명을 적었다.

를 "미국 교민들의 조국에 대한 그리움이 담겨 있는 지도"라고 특별한 의미를 부여했다.

한반도와 주요 섬의 지명을 부기한 이 지도에는 울릉도 남쪽에 작은 섬이 두 개 있고 그 오른쪽과 왼쪽에 지명이 적혀 있다. 오른쪽 글씨는 울릉도라는 데 의심의 여지가 없다. 이영훈 교수는 왼쪽에 약간 뭉개진 글씨를 '돌도'라고 읽고, 이것이 대한제국 칙령 제41호에 나오는 석도이며 석도는 독도가 아닌 관음도라는 증거라고 주장했다. 울릉도 바로 밑에 그려진 '돌도'가 울릉도에서 87km나 떨어진 독도일 수 없다는 것이었다.

이에 대해 홍성근 동북아역사재단 연구위원은 그 글씨는 '돌도'가 아니고 '울도'라고 주장했다. '죠션디도'에 표기된 다른 지명을 보면 '군郡'이라는 글자를 제외하고 행정지명을 적었다. 제주도의 경우 섬의 명칭인 '제주섬'은 오른쪽, 행정지명인 '졔쥬'는 왼쪽에 함께 적었다. 울릉도도 오른쪽에는 섬의 명칭, 왼쪽에는 행정지명을 적었다는 것이다. 그리고 독도가 울릉도 가까이에 그려진 것은 지면상의 공간 부족과 함께 그 섬에 대한 존재 인식과 영유 의사를 보다 분명하게 표현한 것이라고 해석했다.

홍성근 연구위원의 지적에 대해 이영훈 교수는 "이 지도를 안 지난 수년간 관련 두 글자를 의심의 여지없이 '돌도'로 읽어 왔다"며 "그러나 이번에 다시 살피니 여전히 '돌도'일 가능성이 없지 않으나 '울도'일 가능성이 더 크다고 생각한다"고 한발 물러섰다. 하지만 그는 "그 지도 하나로 필자의 독도 이해에 손상이 가는 것은 아니다"라며 더 이상의 후퇴에는 선을 그었다.

나라를 빼앗긴 직후에 이역만리에 있는 한인들이 고국을 그리며 지도를 만들면서 표시한 울릉도 남쪽의 작은 섬 두 개는 과연 어느 섬일까? 우리는 지금 그 해답을 알 수는 없다. 하지만 일부러 울릉도 남쪽에 두 개의 작은 섬을 그린 것에는 각별한 뜻이 담겨 있다고 생각된다. 그렇다면 그 중 하나가 관음도와 독도 중 어느 편일 가능성이 더 높은 것일까. 시마네현 독도 시찰단의 통고에 대한 당시 한국 관리, 언론, 지식인의 반응과 대응에 그 답이 들어 있다고 생각된다.

독도 강치가 멸종된 이유

독도가 일본 시마네현 오키군의 관할에 있던 40년 동안의 또 다른 피해자는 이곳을 근거지로 살아가던 독도 강치였다. 바다사자의 일종인 강치는 몸길이가 2.5m 정도이고 북아메리카대륙의 태평양 연안, 남아메리카의 갈파파고스 제도 해역, 동해 해역 등에 산다. 이 가운데 '독도 강치'로 불리는 동해 해역의 강치는 한반도 동쪽과 일본 열도, 쿠릴 열도, 캄차카반도 주변 바다에서 서식했다. 독도 강치는 우리말로 '가제' '가지'라고 불렸고 한자로는

◉ **강치 새끼를 들고 있는 해녀** 광복을 맞아 독도가 다시 한국 영토로 돌아온 뒤인 1950년대에 찍은 사진이다. 일제시대 때의 무차별 남획으로 이 무렵 '독도 강치'는 이미 멸종 위기에 놓여 있었다.

'가지어可支魚'로 표기했다.

오랫동안 동해에서 평화롭게 살던 독도 강치는 메이지유신 이후 일본 어민이 남획을 시작하면서 수난을 겪게 됐다. 강치는 가죽과 기름이 인기가 있었다. 가죽은 가방을 만드는 재료로, 기름은 비누의 원료로 사용됐다. 뼈와 말린 고기는 비료로 쓰였다.

일본 열도 인근에서 강치의 씨가 마르자 일본 어부들은 한반도와 쿠릴 열도로 진출했다. 1903년부터 독도 인근 바다에서도 일본 어민이 강치잡이를 시작했다. 일본 어민이 독도 인근 바다를 휩쓸면서 수만 마리에 이르던 독도 강치는 급격히 줄어들었다.

나카이 요자부로는 독도를 일본 영토로 강제 편입할 것을 일본 정부에 청원하면서 "(독도 강치는) 어획량을 적당히 제한하고 번식할 수 있도록 적절히 보호하지 않으면 곧 멸절되어 없어질 수밖에 없다"며 자기에게 독도를 10년 동안 맡겨 주면 포획할 수 있는 강치의 크기와 숫자를 제한하고, 임신한 것과 새끼를 잘 보호하며, 천적인 상어와 돌고래를 잡아 없애겠다고 다짐했다. 하지만 나카이 요자부로가 중심이 돼 설립한 다케시마 어렵漁獵합자회사가 1904년부터 10년 동안 잡아들인 강치는 1만 4천 마리나 됐다. 그는 자신의 약속을 헌신짝처럼 내팽개쳤던 것이다.

◉ **강치를 포획하는 일본 어부들** 독도를 일본 영토로 강제 편입한 뒤 일본 어부들은 독도 인근 해역에서 총, 몽둥이, 그물 어망 등을 이용하여 강치를 대량 포획했다. 오키섬에는 지금도 독도 강치잡이와 관련한 일화들이 전해진다.

나카이를 비롯한 일본 어민은 아무런 통제도 받지 않고 마음껏 강치를 사냥했다. 총이나 몽둥이로 무자비하게 강치를 죽이거나 그물 어망을 이용하여 대량 포획했다. 오키섬에는 지금도 강치잡이와 관련한 일화들이 전해 내려온다. 오키섬을 여러 차례 답사하여 2016년 『독도 강치 멸종사: 오키견문록』이라는 책을 펴낸 민속학자 주강현은 "일본이 자랑스럽게 내세우는 강치잡이를 통한 독도 경영은 사실은 반문명적인 범죄 행위였다"고 지적했다.

독도 강치는 일제시기를 거치며 점차 사라져 갔다. 1940년대에는 한 해에 겨우 수십 마리가 잡힐 정도로 줄어들어 상업적 강치잡이가 사실상 종료됐다. 광복 후 일본 어민이 물러간 뒤 강치 무리가 헤엄치는 모습이 목격되기도 했지만 결국 독도 강치는 다시는 예전 모습을 찾지 못했다. 1975년 마지막으로 모습을 보인 두 마리를 끝으로 독도 강치는 역사 속으로 사라졌다. 1994년 국제자연보존연맹IUCN은 공식적으로 독도 강치의 멸종을 선언했다.

3

되찾은 국토를 지키는 거대한 첫걸음

1947년, 한국

#홍종인
#신석호
#방종현

1947년 8월 18일 오전 7시, 조선산악회(한국산악회의 전신)가 조직한 '울릉도·독도 학술조사대'가 경상북도 포항항을 출발했다. 해안경비대 소속의 경비정 대전호에 탑승한 학술조사대는 대장을 맡은 조선산악회장이자 민속학자인 송석하를 비롯한 국어학자 방종현, 고고학자 김원용, 한학자 임창순, 언론인 홍종인 등의 사회과학반, '나비 박사'로 유명한 곤충학자 석주명, 식물학자 이영로 등의 동식물학반, 농림반·지질광물반·의학반·보도반·전기

제1차 울릉도·독도 조사대
1947년 8월 조선산악회와 남조선과도정부가 파견한 울릉도·독도 학술조사대의 모습. 각계 전문가와 공무원으로 구성됐으며 광복 후 처음 독도를 찾아 중요한 성과를 많이 거두었다.

통신반 등 63명으로 구성됐다. 여기에 남조선과도정부에서 파견한 국사관 관장 신석호, 외무처 일본과장 추인봉, 문교부 편수사 이봉수, 수산국 기술사 한기준 등 공무원 4명이 합류했다. 도중에 들른 대구와 포항에서 경찰과 경상북도 공무원들이 추가돼 조사대는 총 80여 명으로 불어났다.

조사에 참여한 전문가 80여 명

울릉도와 독도에 광복 후 처음으로 대규모 학술조사대가 파견된 것은 그해 4월 독도 근해에서 고기잡이를 하던 우리 어선이 일본 어선의 공격을 받은 것을 계기로 한다. 대구에서 발행되는 대구시보大邱時報에 1947년 6월 20일 「왜적일인倭賊日人의 얼빠진 수작/울릉도 근해의 소도小島를 자기네 섬이라고 어구漁區로 소유」라는 자극적인 제목으로 이 사실이 보도됐다. 이어 7월 23일자 동아일보가 「판도에 야욕의 촉수 못 버리는 일인日人의 침략성, 울릉도 근해 독도 문제 재연」이라는 제목으로 대구시보의 기사를 받았고 8월 13일자 한성일보가 「근해近海 침구侵寇의 일日 어선 맥어더선線 수정도 건의」라는 기사로 이를 도서 영유권, 어업구역 문제와 연결함으로써 독도 문제는 국가적 관심사로 떠올랐다.

1905년 독도가 일본 영토로 강제 편입되고 5년 뒤 대한제국이

倭賊日人의얼빠진수작

鬱陵島近海의小島를

自己네섬이라고漁區로所有

罹災民住宅基金運動

愛國者는어디잇나!

◉ **1947년 6월 20일자 대구시보** 독도 부근에서 일본 어선이 한국 어선을 공격한 사실을 보도한 기사로 '왜적일인의 얼빠진 수작'이라는 자극적인 제목을 붙였다. 중앙일간지들이 이 기사를 받아서 보도하는 바람에 독도 문제가 전국적인 관심사로 떠올랐다.

일본에 병합됐다. 나라 전체가 송두리째 일본에 넘어가는 원통한 시절에 독도를 가장 먼저 빼앗겼던 것이다. 그리고 다시 35년 뒤 일제가 제2차 세계대전에서 패전하고 한국이 일제의 사슬에서 풀려날 때 독도는 한국 영토로 원상회복됐다.

그렇게 40년 만에 되찾은 독도를 다시 일본이 침범했다는 소식은 한국인을 흥분시켰다. 동아일보 기사에서 국사관 관장 신석호는 다음과 같이 말했다.

> 지리적으로나 역사적으로 보아 당연히 우리나라 판도에 귀속되어야 할 것이며, 독립국가가 된 후라도 군사상 또는 경제상 중대한 지점이 될 수 있다. 당면한 문제로는 어장 개척상 중대한 관심과 이해를 가져오고

있으므로 맥아더사령부에서 우리 판도로 확정하여 주어야 할 것이다.

마침 일본에서도 독도에 대한 관심이 고조되고 있었다. 제2차 세계대전 종전 후 13개 국으로 구성돼 패전국 일본에 대한 관리를 맡은 극동위원회Far Eastern Commission는 1947년 7월 11일 "일본의 주권은 혼슈[本州]·홋카이도[北海島]·규슈[九州]·시코쿠[四國]의 제도諸島와 금후 결정될 수 있는 주위의 제소도諸小島에 한정될 것"이라는 '대일對日기본정책'을 발표했다. 이는 일본에 점령군으로 진주한 미군이 1945년 9월 5일 '대일방침'을 통해 "일본의 주권은 혼슈·홋카이도·규슈·시코쿠의 사대도四大島에 한限한다"고 밝혔던 것과 달랐다. '주위의 제소도'에 독도를 포함시키고 싶었던 일본에서 독도가 일본 영토라는 주장이 일었다.

남조선과도정부 민정장관 안재홍은 역사학자이자 언론인으로서 한·일 간의 갈등 요인인 독도 문제가 중요한 고비에 이르렀다는 것을 직감했다. 그는 전문가들과의 회의를 거쳐 독도에 조사단을 파견하기로 했다. 하지만 미군정 아래서 일본과의 외교적 마찰을 피하기 위해 민간 조직인 조선산악회가 조사대를 보내는 형식을 취하기로 했다.

일제시기에 활동했던 한국인 산악인을 중심으로 광복 직후인 1945년 9월 15일 발족한 조선산악회는 단순한 등산 동호인 조직이 아니라 되찾은 나라와 민족 사랑을 국토 조사와 탐험을 통해 실천하는 단체였다. 이들은 일제가 유린한 국토를 탐사하는 '국토 구명究明사업'을 창립 후 첫 과제로 삼아 한라산, 오대산, 소백산을 차례로 찾았다. 울릉도·독도 조사대 파견은 이들이 벌인 네 번째 국토구명사업이었다.

독도에 세운 영토 표목

1947년 8월 18일 오후 6시 울릉도 도동항에 도착한 학술조사대는 다음 날 강연회와 환담회 등을 가졌다. 그리고 8월 20일 새벽 다시 대전호를 타고 독도로 향했다. 지금도 마찬가지이지만 독도 상륙 여부는 날씨에 좌우된다. 바람이 세거나 파도가 일면 가

◉ **독도에 도착한 제1차 울릉도·독도 조사대** 1947년 8월 20일 독도에 도착한 학술조사대 일행이 동도의 몽돌해변에서 기념 촬영을 했다.

까이 가기 어렵다. 더구나 당시 독도에는 배를 댈 만한 시설도 없던 때라서 더욱 내리기 쉽지 않았다. 다행히 이날은 날씨가 맑고 바람이나 파도도 강하지 않았다. 천행이었다.

오전 9시가 조금 지나 독도 부근에 도착한 학술조사대는 동도와 서도 사이에 대전호를 멈춘 후 작은 배로 갈아타고 먼저 동도에 상륙했다. 동도의 서쪽 해변에 짐을 풀고 동식물 표본 채집, 눈대중 측량, 지형 파악, 사진 촬영 등 조사 활동을 벌인 뒤 타고 온 작은 배로 이번에는 서도로 향했다. 이들은 서도에서 새끼 독도 강치 세 마리를 잡았다.

◉ **독도에 세워진 영토 표목** 제1차 울릉도·독도 학술조사대는 독도 동도에 '조선 울릉도 남면 독도' 등 표목 두 개를 설치했다. 이는 독도가 한국 영토라고 표시한 최초의 시설물이었다.

학술조사대는 독도의 동도에 '조선 울릉도 남면 독도' '울릉도 독도 학술조사대 기념'이라고 쓴 표목 두 개를 세웠다. 독도가 한국 영토임을 표시한 최초의 시설물이었다. 오후 3시 반 무렵 독도 조사 활동을 마친 일행은 울릉도 도동항으로 돌아왔다.

기본 과제인 독도 조사를 마친 학술조사대는 8월 21일부터 25일까지 울릉도에서 성인봉 답사, 의료 진료, 특별강연회 등을 가졌다. 이 기간 동안 남조선과도정부에서 파견한 인사들은 중요한 의미를 지니는 큰 성과를 거두었다. 국사관 관장 신석호가 울릉군청에서 '심흥택 보고서'를 발견한 것과 외무처 일본과장 추인봉이 울릉도 노인 홍재현에게서 독도 관련 증언을 채록한 것이었다.

앞서 설명한 대로 심흥택 보고서는 1905년 울도군수였던 심흥택이 그다음 해에 일본의 독도 침탈 사실을 알게 되자 바로 정부에 보낸 보고서이다. 한국 정부와 학자들은 이때까지만 해도 이 문서의 존재를 알지 못했다. 그런데 대구시보 기사에 "한말 당시 국정이 극도로 피폐한 틈을 타서 광무 10년 음력 3월 4일 일인日人들이 이 도서를 삼키려고 도근현島根縣[시마네현]으로부터 대표단이 울릉도에 교섭 온 일이 있었는데 당시 동도사同島司는 도道당국에 이 전말을 보고하는 동시 선처를 청탁해 온 문서가 아직도 남아 있다"는 구절이 있었다.

이 기사를 보고 울릉군청을 찾은 신석호는 옛날 문서 더미 속에서 심흥택 보고서의 부본副本을 찾아냈다. 1950년대 이후 본격화되는 한·일 간의 독도 분쟁에서 한국 쪽의 유력한 증거로 사용되는 심흥택 보고서가 빛을 보는 순간이었다.

심흥택 보고서는 '독도'라는 명칭이 처음 나오는 한국 문서로, 대한제국 정부가 독도를 영토로 인식했음을 보여주는 귀중한 자료이다. 하지만 신석호가 확인한 이 보고서의 부본은 그 후 언제인가 사라져서 연구자들이 애를 태웠다. 그러다가 1978년 8월 서울대 규장각에서 독도 관련 자료를 조사하던 송병기 단국대 교수가 심흥택의 보고를 받은 강원도 관찰사 서리가 의정부에 보낸 보고서를 발견했다. 그 안에 심흥택 보고서의 내용이 그대로 담겨 있었다. 이렇게 해서 심흥택 보고서는 다시 우리 손으로 돌아왔다.

독도를 지켜본 홍재현의 증언

1947년 당시 85세였던 홍재현의 독도 관련 증언은 한국 외무부가 1955년 간행한 자료집 『독도문제개론』에 수록돼 있다. 홍재현은 울릉도에 주민 이주가 재개된 1880년대 중반에 아버지를 따라서 일가족 모두가 강릉에서 건너왔다. 이주할 적에 20대 초반이던 그는 울릉도와 독도의 역사를 지켜본 산증인이었다. 그의 증언 가운데 독도와 관련된 것은 다음과 같았다.

▲ 독도가 울릉도의 속도屬島라는 것은 울릉도 개척 당시부터 도민島民이 모두 아는 사실이었다.

▲ 나도 다른 사람들과 함께 1903년부터 네다섯 차례 미역 채취나 바다사자(가제) 사냥을 위해 독도에 갔다 왔다.

▲ 독도는 날씨가 맑으면 울릉도에서 볼 수 있고, 동해에서 표류하는 어선은 독도에 표착하는 일이 종종 있었기 때문에 독도에 대한 울릉도민의 관심은 매우 컸다.

▲ 광무 10년에 일본 관리 일행이 울릉도에 와서 독도를 일본 소유라고 무리하게 주장한 사실은 나도 안다. (…) 당시 이를 전해 들은 도민이나 어업자들은 크게 분개했다.

홍재현의 증언은 역사적 사실과 부합했다. 그리고 한국과 일본 사이에 독도 분쟁이 시작된 20세기 초 독도에 대한 울릉도 주민의 인식을 보여주어 증언으로서 가치가 높았다.

울릉도에서 9박 10일의 일정을 보내면서 기대했던 것 이상으로 큰 성과를 거둔 학술조사대는 1947년 8월 26일 아침 도동항을 떠나 그날 밤 포항에 도착했다. 그리고 다음 날 포항을 출발해 대구를 거쳐 8월 28일 서울로 돌아왔다.

서울로 돌아오자마자 이들은 조사 결과를 알리는 활동에 들어갔다. 먼저 1947년 9월 2일 국립과학박물관에서 강연회가 열렸다. 홍종인, 방종현, 김원용, 석주명 등이 발표를 맡았다. 11월 10일부터 18일까지는 동화백화점(현 신세계백화점)에서 전람회가 개최됐다. 울릉도·독도 사진, 동식물·광물 표본, 고고학·민속학 자료 등이 전시됐고 8만 5천 명이 관람했다. 서울에 이어 부산(11월 30일~12월 4일)과 대구(12월 6일~10일)에서도 전람회가 열렸다.

학술조사대에 참가한 인사들의 활동도 활발했다. 그중에서도 특히 언론인 홍종인, 역사학자 신석호, 국어학자 방종현 등 세 지식인이 두드러졌다.

홍종인, 독도에 대한 관심을 높이다

조선산악회 부회장이자 학술조사대 부단장을 맡았던 홍종인(1903~1998)은 한성일보에 1947년 9월 21일자부터 26일자까지 네 차례에 걸쳐 「울릉도 학술조사대 보고기」를 실었다. 조사대의 임무·편성·일정·사업·결론·보호책 등을 담은 이 보고서는 "울릉도에서 동남향으로 해상 46해리[약 85km]에 있는 무인도로 그 귀속이 문제되리라고 전해지는 독도행은 실행 전까지는 외부 발표를 시종 보류하고 있었으나 이는 우리가 당초부터 계획해 온 기습적인 여정이었던 것"이라고 밝혔다.

홍종인은 학술조사대로 파견되기 석 달 전까지 조선일보의 편집국장을 맡았던 중진 언론인으로, 보고기를 실은 1947년에도 조선일보 소속이었다. 그런 그가 조선일보가 아닌 한성일보에 보고기를 실은 것은 울릉도·독도 학술조사대 파견이 남조선과도정부의 사업이었기 때문이다. 광복 후 창간된 한성일보의 사장이 과도정부 민정장관 안재홍이었기에 한성일보는 사실상 미군정의 기관지 역할을 하고 있었다. 그래서 조사대의 공식 보고서라고 할 홍종인의 글이 이 신문에 실린 것이었다.

홍종인은 보고기 외에도 독도에 관한 많은 글을 써서 국민의 인식을 높였다. 그는 이듬해인 1948년 6월 17일자 조선일보에 「동해의 내 국토/슬프다 유혈의 기록-답사 회고」라는 글을 실었다. 주일 미 공군기가 독도에 연습 폭격을 하여 많은 희생자가 발생한

◉ **언론인 홍종인** 조선일보 주필을 역임한 홍종인은 세 차례 울릉도·독도 학술조사대에 모두 참가하여 부단장과 단장으로 활약했으며 독도에 관한 많은 글을 써서 국민적 관심을 높였다. 사진은 1953년 10월 제3차 조사대의 단장으로 독도에 화강암 표석을 설치한 뒤에 살펴보는 모습.

직후였다. 독도 사진이 붙은 이 글에서 그는 "내 민족을 사랑한다는 정신은 국토를 사랑한다는 정신을 떠나서 있을 수 없다"며 "지금도 독도 동편 섬에서는 우리 산악회와 과도정부 조사대가 세운 뚜렷한 푯말이 서 있을 것"이라고 했다.

홍종인은 이후에도 여러 차례 더 독도를 찾았다. 1952년 9월 17일에서 28일까지 한국산악회가 '제2차 울릉도·독도 학술조사대'를 파견했을 때는 단장을 맡았다. 당시 직책은 조선일보 주필이었다. 이번에도 정부 부처들이 총동원돼 후원한 국가적 차원의 조사였다. 하지만 조사대가 독도 부근에 접근했을 때 미 공군기들

東海의 내國土
슬프다 流血의 記錄
踏査回顧: 洪鍾仁 記

1948년 6월 17일자 조선일보 기사 독도에서 1948년 6월 주일 미 공군기의 연습 폭격으로 많은 사상자가 발생했을 때 홍종인이 조선일보에 쓴 기사. 한 해 전 울릉도·독도 조사대에 참가했던 당시의 기억을 생생하게 전했다.

◉ **제3차 울릉도·독도 조사대의 모습** 제2차 조사대에 이어 제3차 조사대 역시 홍종인을 단장으로, 1953년 10월 울릉도와 독도를 향해 출발했다. 이후로도 홍종인은 한 차례 더 독도를 방문한다.

이 독도에 폭탄을 투하하는 바람에 상륙을 포기해야 했다.

한국산악회는 1953년 10월 11일에서 17일까지 세 번째로 '울릉도·독도 학술조사대'를 파견했다. 이번에도 단장은 홍종인이었다. 조사대는 10월 13일 독도에 도착했지만 날씨가 급변하는 바람에 철수하고, 10월 15일 다시 독도를 찾아 하룻밤을 야영하면서 일본인이 세워 놓은 '島根縣 隱地郡 五箇村 竹島'라는 표목을 뽑아낸 후 그 전해에 만들었다가 설치하지 못한 화강암 표석을 세웠다. 표석의 앞면에는 '독도 獨島 LIANCOURT', 뒷면에는 '한국 산악회 울릉도·독도 학술조사단 Alpine Association'이라고 새졌다. 그리고 처음으로 독도 측량 작업을 벌였다. 독도의 동도는 높이 99.4m, 둘레 800m, 면적 5만m^2, 서도는 높이 174m, 둘레 1km, 면적 6만 5000m^2였다.

홍종인은 조선일보에 1953년 10월 22일자부터 27일자까지 네 차례에 걸쳐 「독도에 다녀와서」라는 답사기를 연재했다. 또 1956년 7월 고등학교 산악부 학생 197명을 이끌고 독도를 찾은 뒤 8월 22일에서 30일자의 조선일보에 「항해 1000마일/학도해양훈련기」라는 기사를 여덟 차례 연재했다. 10월 24일자 조선일보에는 학생해양훈련 보고전이 열리는 것을 계기로 「울릉도와 독도」라는 칼럼을 실었다.

역사학자 신석호와 국어학자 방종현

국사관 관장을 맡고 있던 역사학자 신석호(1904~1981)는 울릉도·독도 학술조사대에 참가하고 한 해 뒤인 1948년 12월 학술지 『사해史海』 창간호에 「독도 소속에 대하여」라는 논문을 발표했다. 광복 후 독도 문제를 처음 학술적으로 다룬 이 글의 머리말은 "필자는 작년 8월 16일부터 약 2주일간 민정장관 안재홍 선생의 명령을 받고 독도를 실지實地 답사한 일이 있으므로 이 일문一文을 초草하여 독도가 본래 우리나라에 속한 섬이었던 것을 명백히 하

◉ **역사학자 신석호** 제1차 울릉도·독도 학술조사대 파견 당시 국사관 관장으로 참여했다. 그 경험을 토대로 광복 후 독도에 관한 첫번째 학술논문을 썼다. 이후 고려대 교수로 재직하면서 꾸준히 독도에 관한 자료 수집과 정부 자문에 힘썼다.

려고 한다"고 밝혔다. 이어 '독도의 지세와 산물産物' '독도의 명칭' '삼봉도三峰島와 독도' '울릉도 소속 문제와 독도' '울릉도 개척과 독도' '일본의 독도 강탈' '일본 영유 이후의 독도' 등의 항목으로 나누어 독도를 역사적·자료적·연구사적으로 고찰했다. 심흥택 보고서의 내용과 해석이 공개된 것도 이 논문에서였다. 그리고 결론 부분에서 다음과 같이 요약했다.

▲ 독도는 (조선시대) 성종 때의 삼봉도와 동일한 섬으로 15세기부터 우리나라의 영토가 됐다.

▲ 숙종 때 일본은 울릉도를 조선 영토로 승인했으니 그 속도屬島인 독도도 조선 영토로 승인한 것이다.

▲ 일본이 1905년 독도를 강탈한 후에도 일본 정부 및 준準정부기관의

기록과 일본 학자들은 독도를 조선의 속도로 인정했다.

▲ 현재 연합군사령부가 그은 맥아더라인에서도 독도는 조선 어구漁區에 속해 있다.

신석호가 이 논문에서 고증하고 주장한 내용은 1950년대에 벌어진 한국과 일본의 독도 외교 각서 논쟁에서 한국 측 논리의 근간을 이루게 된다. 광복 후 독도 문제의 전개 과정을 광범위하게 추적한 정병준 이화여대 교수는 저서 『독도 1947』(2010년·돌베개)에서 "신석호의 글은 1947~1948년의 시점에 작성된 독도 영유권 관련 자료·근거의 집대성이었으며, 독도 연구의 시원을 연 기

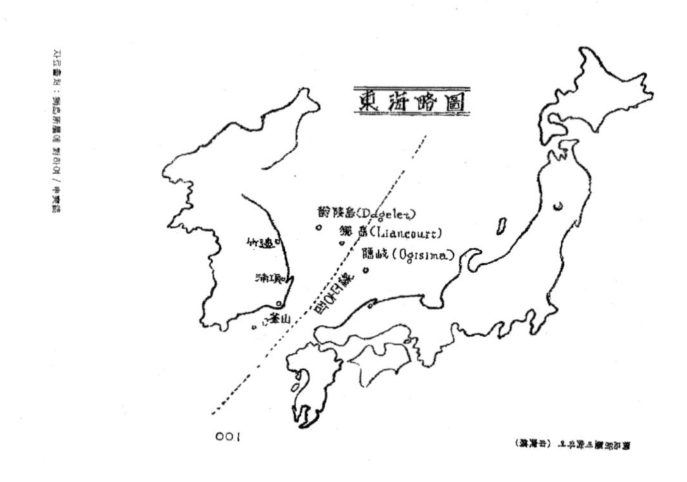

◉ **신석호 논문에 실린 지도** 제1차 울릉도·독도 학술조사대에 참여했던 역사학자 신석호가 1948년 12월 발표한 '독도 소속에 대하여'라는 논문에 첨부된 지도. 독도가 맥아더 라인에서 한국 구역에 포함된 것을 표시했다.

념비적인 것이었다"고 평가했다.

이후 신석호는 고려대 사학과 교수로 재직하면서 독도 관련 자료를 수집하여 일본 측 주장을 반박하는 논거로 제공했다. 그는 독도 문제가 한일회담에서 중요 의제로 떠오르자 『사상계』 1960년 8월호에 「독도의 내력」이라는 글을 실었다. 이 글은 1905년 일본이 독도를 시마네현에 강제 편입한 조치에 대해 "강도 행위가 아니면 사기 행위"라고 질타했다.

서울대 교수였던 국어학자 방종현(1905~1952)은 1947년 경성대학(현 서울대) 예과 신문 제13호에 「독도의 하루」라는 글을 실었다. 그해 여름 독도를 찾은 날 쓴 일기였다. 그는 "문제의 독도! 궁금한 독도! 우리는 울릉도를 돌아보기 전에 먼저 독도부터 탐사하기로 했다"로 시작하는 글에서 독도 조사의 모든 과정을 실감나게 그렸다.

학술적인 성격이 아닌 이 글이 훗날 큰 의미를 지니게 된 것은 독도라는 이름이 한자어 '석도石島'와 관

◉ **국어학자 방종현** 방언에 밝았던 그는 제1차 울릉도·독도 학술조사대에 참가하고 돌아와 쓴 「독도의 하루」라는 글에서 전라도 지역에서 돌을 '독'이라 부르는 점을 들어 독도라는 명칭이 한자어 '석도'와 관련이 있을 것으로 추정했다.

련이 있을 것으로 해석했기 때문이다. 방언 전문가였던 방종현은 전라남도 해안에서 '석石'을 '독'이라고 한다며 독도라는 명칭이 '독섬' '돌섬' '석도'와 관련이 있을 것으로 추정했다. 당시에는 뚜렷한 근거가 없었지만 이 해석은 1960년대 후반에 대한제국 칙령 제41호의 존재가 알려지면서 다시 부각됐다. 울릉도와 독도 연구에 평생을 바친 송병기 단국대 교수는 방종현의 「독도의 하루」에 주목하면서 대한제국 칙령 제41호를 알지 못하고도 이런 추정을 한 방종현의 해석을 '탁견卓見'이라고 높이 평가했다.

◉ **한국산악회가 세운 독도 표석** 2015년 한국산악회는 몽돌해변에 새 독도 표석을 세웠다. 마찬가지로 한국산악회가 1953년에 세웠던 최초의 표석과 모양이 거의 같지만 '리앙쿠르(LIANCOURT)'란 문구를 'DOKDO KOREA'로 바꿨다. 뒤 배경으로 서도가 보인다.

언론인·역사학자·국어학자로 각자의 분야에서 전문성을 발휘해 독도 탐구에 앞장섰던 지식인이 1947년 8월 첫 독도 조사대에 포함된 것은 행운이었다. 이 무렵 일본이 제국주의 시절에 키운 막강한 외교 역량을 투입해서 독도를 넘보기 시작했던 점을 고려하면 더욱 그랬다.

4

다시
독도를 노리다

1947년, 일본

가와카미 겐조
윌리엄 시볼드

독도 부근에서 고기잡이하던 한국 어선을 일본 어선이 공격한 사건으로 한국에서 독도 문제가 관심사로 떠오르던 1947년 6월, 일본 외무성은 『일본 본토에 인접한 소도서Minor Islands Adjacent to Japan Proper』라는 영문 팸플릿의 제4권을 간행했다. 1946년 11월에 제1권, 1947년 3월에 제2·3권이 각각 간행된 이 팸플릿은 연합국과 일본 사이에 체결될 제2차 세계대전을 공식적으로 종결하는 평화조약을 앞두고 일본이 주변 섬들의 영토 귀속을 자기에게 유리하도록 연합국 측에 선전하기 위한 것이었다.

"울릉도·독도는 일본 영토"라고 한 영문 팸플릿

제2차 세계대전이 끝난 뒤 일본에 대한 처리 방침을 밝힌 1945년 7월 26일 포츠담 선언 제8항은 "일본의 주권은 혼슈[本州]·홋

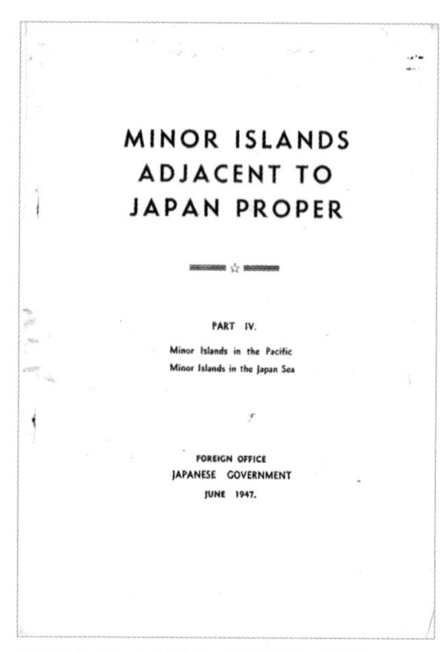

MINOR ISLANDS
ADJACENT TO
JAPAN PROPER

PART IV.

Minor Islands in the Pacific
Minor Islands in the Japan Sea

FOREIGN OFFICE
JAPANESE GOVERNMENT
JUNE 1947.

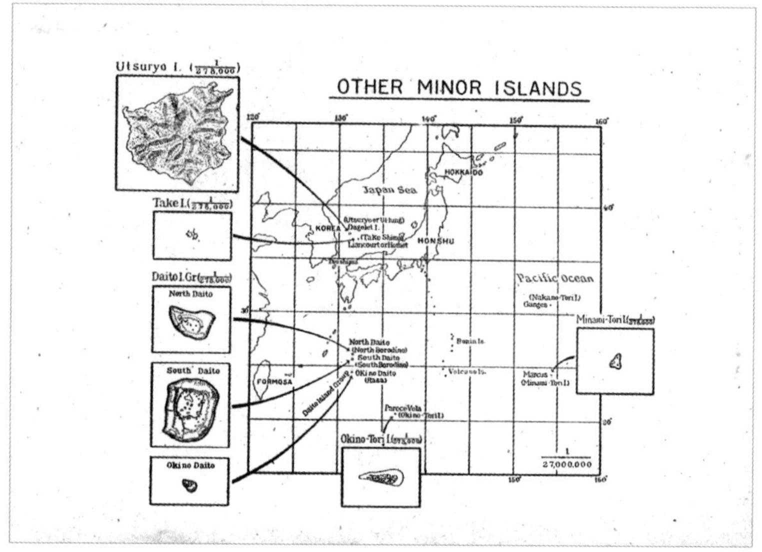

◉ **『일본의 부속소도』 제4권의 표지와 첨부된 지도** 일본 외무성이 만들어 미국 국무성과 연합국최고사령부 등에 홍보용으로 뿌린 영문 팸플릿으로 울릉도와 독도를 일본 이름으로 표기하고 일본 영토라고 주장했다.

카이도[北海道]·규슈[九州]·시코쿠[四國]와 연합국이 결정하는 작은 섬들Minor Islands에 국한될 것이다"라고 밝혔다. 일본은 연합국에게 바로 그 '작은 섬들'에 대한 자신의 입장을 알리려고 한 것이었다. 이런 의도는 지리적 인접성을 표현한 것으로 느껴지는 영문 팸플릿의 제목보다 함께 간행된 일본어 팸플릿의 제목 『일본의 부속소도付屬小島』에 보다 분명하게 드러났다. 이 팸플릿의 제1권은 소련과 영토 분쟁이 있는 쿠릴 열도 남단의 '북방 영토', 제2권은 오키나와 등 중국해의 섬들, 제3권은 오가사와라[小笠原] 제도 등 일본 남쪽의 섬들을 다뤘고 제4권은 태평양과 동해의 섬들을 수록했다.

그런데 놀랍게도 『일본의 부속소도』 제4권에 울릉도와 독도가 들어 있었다. 일본이 독도뿐 아니라 울릉도까지 일본 영토라고 주장한 것이었다. 이는 팸플릿에 함께 수록된 지도에도 반영됐다. 동해는 '일본해Japan Sea'로 표기하고 울릉도는 'Utsuryo', 독도는 'Take'라는 일본 이름을 붙였다. 팸플릿의 본문은 울릉도와 독도에 대해 각각 다음과 같이 서술했다.

울릉도 일본은 1004년부터 울릉도를 우루마섬으로 불렀다. 한국 정부는 1400년 이래로 이 섬에 대해 공도 정책을 고집했다. 그 사이 일본인이 이 섬에 진출하여 일본 어업기지가 됐다. 17세기 초부터 한국과 일본 사이에 이 섬의 소유권을 둘러싼 협상이 벌어졌고, 1697년 일본 막부는 일본인이 울릉도에 가는 것을 금지했다. 하지만 한국은 이후에도 공도 정책을 바꾸지 않았다. 19세기 후반 일본인은 울릉도 개발을 주장하며 건너갔고, 한국 정부도 스스로 개발하려고 했지만 별다른 결과를 내지 못했다. 1910년 일본의 한국 병합으로 울릉도는 일본 땅이 됐다.

독도 일본은 고대부터 독도의 존재를 알고 있었다. 1904년 시마네현 오키섬 주민들이 울릉도를 기지로 활용해서 독도에서 바다사자를 사냥하기 시작했다. 울릉도는 한국 명칭이 있지만 독도는 한국 이름이 없으며, 한국에서 만든 지도에 나타나지 않는다.

울릉도에 대한 서술은 사실과 허위를 교묘히 섞어서 일본에 유리하게 인식되도록 한 것이었으며 독도의 경우는 대부분 허위 기술이었다. 일본 외무성이 이런 엉터리 내용으로 팸플릿을 만든 것은 울릉도는 물론 독도 부근에도 접근하지 못하는 당시 상황을 어떻게든 뒤집어 보려는 안간힘이었다.

맥아더라인, 일본 배의 독도 접근 차단하다

제2차 세계대전에서 일본이 패망한 뒤 일본에 진주한 미군은 연합국최고사령부SCAP · Supreme Commander for Allied Powers를 통해 일본을 점령 통치했다. 사령관이었던 맥아더의 이름을 따서 맥아

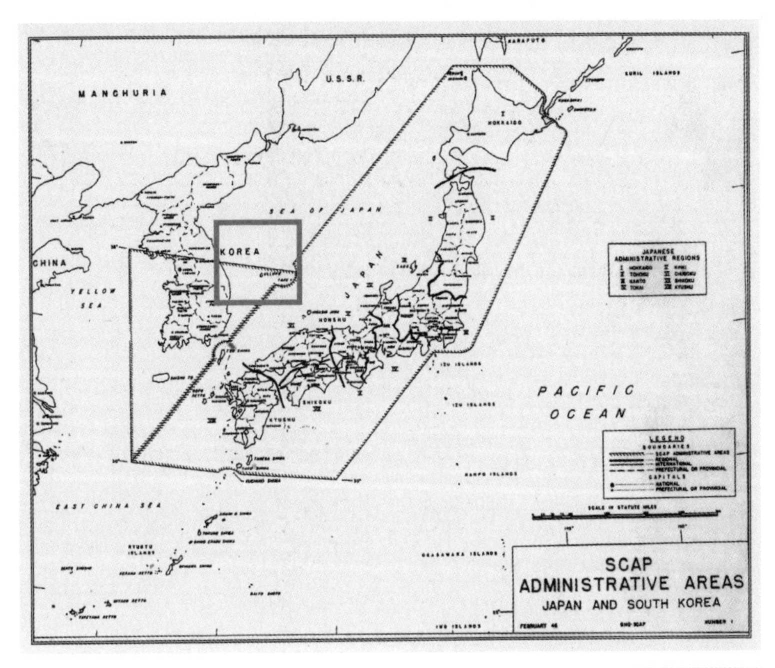

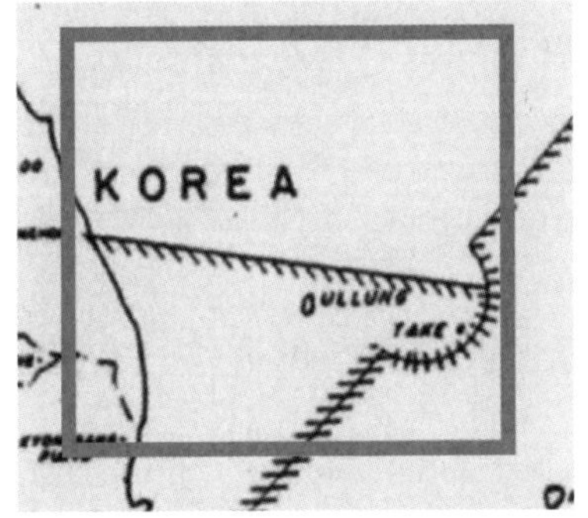

◉ **SCAPIN 제677호에 첨부된 지도** 제2차 세계대전 종전 후 일본을 점령 통치하던 연합국최고사령부가 1946년 1월 29일 발표한 연합국최고사령관 지령 제677호의 부속 지도는 선을 그어 울릉도와 독도를 한국 행정구역으로 명시했다. 아래 사진은 울릉도와 독도 부분을 확대한 것이다.

더사령부로도 불린 연합국최고사령부는 연합국최고사령관 지령 SCAPIN · SCAP Instruction으로 구체적인 행정 지시를 내렸다. 1946년 1월 29일 발표된 SCAPIN 제677호는 연합국최고사령부가 관할하는 일본과 남한의 행정구역을 지정하면서 독도를 제주도·울릉도와 함께 한국에 포함시켰다. 이어 1946년 6월 22일 발표된 SCAPIN 제1033호는 일본 선박이 독도에서 12해리[약 22km] 이내에 접근하는 것을 금지했다. '맥아더라인'으로 불린 이 해양선은 독도에 대한 일본의 실효적 지배를 공식적으로 차단하는 결과를 낳았다.

이처럼 명백하게 한국 영토인 울릉도와 독도를 일본 영토라고 주장하는 터무니없는 팸플릿을 만든 사람은 누구일까? 정병준 이화여대 교수는 당시 일본 외무성에서 영토 문제를 전담했던 가와카미 겐조를 지목했다. 전후 일본의 독도 연구와 대응에서 핵심 인물이었던 그가 1906년 시마네현이 울릉도와 독도 조사 결과를 담아서 펴낸 『죽도 및 울릉도』라는 책을 참조하여 이 팸플릿을 만들었다는 것이다.

일본의 대응을 주도한 가와카미 겐조

가와카미 겐조(1909~1995)는 교토제국대학 사학과를 졸업한 뒤 제2차 세계대전 당시 참모본부와 대동아성省에서 근무했다. 일본 제국주의의 논리와 체질이 몸에 밴 그는 패전 후 외무성에 들어가 인접국들과의 영토 분쟁에 관한 보고서 작성을 담당했다. 훗날 소련공사를 역임했으며 퇴임하고 나서도 외무성 일을 도왔다.

해박한 역사·지리·국제법 지식을 토대로 '조약 문제의 권위자'로 활동한 가와카미는 독도 문제에도 뚜렷한 자취를 남겼다. 그는 1950년대 한국과 일본 사이에 독도 분쟁이 발생하자 일본 측의 성명과 문서 작성을 주도했다. 가와카미가 1953년 8월 펴낸 『죽도의 영유』는 당시까지 일본이 축적한 독도 관련 사실과 논리를 일본 측 입장에서 종합 정리한 것이었다. 그는 이후에도 독도 문제에 관한 연구를 계속해서 1966년에는 『죽도의 역사지리학적 연구』라는 책을 다시 펴냈다. 이 책은 지금까지도 독도 문제에 관한 일본의 공식 입장을 대변하는 것으로 평가된다.

울릉도와 독도가 일본 영토라고 주장하는 일본 외무성의 팸플릿은 3개월 뒤인 1947년 9월 미국 국무부에 20부가 발송됐다. 도쿄의 연합국최고사령부에도 10여 부가 배포됐다. 일본의 영토 결정에 영향을 미칠 수 있는 유력 기관들에 일본 측의 입장을 담은 책자가 뿌려지는 데 결정적인 역할을 한 사람은 도쿄에 있던 미국 외교관 시볼드였다.

친일 미국 외교관 윌리엄 시볼드

윌리엄 시볼드(1901~1980)는 미 해군사관학교 출신으로 군인과 변호사를 거쳐 1945년 12월 외교관으로 변신했다. 그는 첫 부임

지인 일본 도쿄에서 1952년 4월까지 근무하며 큰 영향력을 발휘했다. 일본어에 능통했고 부인이 일본계 영국인이었으며 많은 일본인 유력 인사를 친구로 두었던 그는 대표적인 지일知日·친일親日 미국인이었다.

시볼드는 하급 외교관으로 출발했지만 맥아더의 신임을 바탕으로 빠르게 승진했다. 중국통通이자 반일反日적 인물로 주일 미 정치고문과 연합국최고사령부 외교국장을 겸임하던 조지 애치슨이 1947년 8월 비행기 추락 사고로 사망하자 그 자리를 시볼드가 물려받았다. 중요한 직책인 그 자리가 경력과 나이가 부족한 그에게

◉ **친일 미국 외교관 시볼드** 1951년 1월 도쿄의 한 리셉션장에서 자리를 함께 한 덜레스 미국 대통령특사, 시볼드 주일 미 정치고문, 요시다 시게루 일본 총리(왼쪽부터). 매우 친일적이었던 시볼드는 독도 문제에서 노골적으로 일본 편을 들었다.

돌아간 것은 일본에게는 행운이었고 한국에는 불행이었다.

일본 외무성 간부들은 사실상 주일 미국대사 역할을 하던 시볼드를 수시로 만나서 일본이 만든 보고서를 전달했다. 그들은 한밤중에 은밀히 회동을 갖기도 했다. 시볼드는 일본 측 문건을 본국에 전달하는 데 그치지 않고 적극적으로 일본 편을 들었다. 뒤에 살펴볼 내용처럼 그는 1949년 11월 미국 국무부가 대일對日평화조약 제5차 초안에서 독도를 제주도·거문도·울릉도와 함께 일본 영토에서 배제하자 "리앙쿠르암(다케시마)에 대한 재고를 건의함. 이 섬에 대한 일본의 주장은 오래되고 타당성이 있는 것으로 생각됨"이라는 전문을 보냈다. 1952년 1월 이승만 대통령이 평화선을 선포하여 독도 문제가 한국과 일본 사이에 쟁점으로 부상했을 때도 미국 국무장관에게 보낸 전문에서 "독도는 일본 영토가 맞다"고 주장했다.

6·25전쟁 후 한국이 아직 정부도 수립하지 못한 상태에서 내부적으로 이념 대립과 혼란을 겪는 가운데 독도를 다시 노리는 일본의 조직적이고 집요한 움직임이 시작됐다. 이 문제에 큰 영향력을 미치는 도쿄의 연합국최고사령부 한복판에는 친일적인 미국 고위 외교관이 버티고 있었다. 바야흐로 한국의 의사와는 상관없이 독도 영유권을 놓고 한·일 간의 한판 대결이 다가오고 있었다. 그리고 그 무대는 연합국과 일본의 평화회담이 열리는 미국 샌프란시스코였다.

5

분쟁의 불씨를 남긴 대일평화조약

1947~1951년

#존 포스터 덜레스
#유진오
#딘 러스크

1941년 12월 7일 일본의 진주만 공습으로 시작된 태평양전쟁은 1945년 8월 15일 일본의 무조건 항복으로 끝났다. 하지만 전쟁을 공식적으로 종결하려면 교전 당사국 사이에 평화조약이 체결돼야 했다.

연합국의 일본 점령 통치가 안정기에 접어든 1946년 상반기 미국에서 일본과 언제 평화조약을 체결할지를 놓고 논쟁이 벌어졌다. 국무부는 빨리 평화조약을 맺어야 한다는 입장이었다. 국방부의 전신인 전쟁부는 일본을 근본적으로 변화시키기 위해서는 평화조약을 장기간 미뤄야 한다고 주장했다. 도쿄의 맥아더는 미군의 장기 점령이 가져올 부작용을 우려하여 국무부 입장을 지지했다. 결국 1946년 8월 국무부와 전쟁부가 합동으로 구성한 대일對日조약작업단이 출범했다.

"일본은 독도를 포기한다"

대일평화조약 초안을 만드는 과정에서 핵심 사항의 하나는 일본의 영토 문제였다. 침략전쟁을 통해 광범위하게 확대된 일본의 지배 영역을 어디까지 인정할 것이냐가 초미의 관심사로 대두했다. 일본은 이 문제에 전력을 투구하고 있었다. 한국을 비롯한 중국, 소련 등의 인접국도 큰 관심을 갖고 민감한 반응을 보였다.

대일조약작업단이 기본 지침으로 삼은 것은 '카이로 선언'과 '포츠담 선언'의 영토 관련 조항이었다. 1943년 11월 이집트 카이로에서 만난 루스벨트 미국 대통령, 처칠 영국 총리, 장제스 중화민국 총통은 "일본이 1914년 제1차 세계대전 개시 이후에 탈취 또는 점령한 태평양의 도서島嶼 일체를 박탈한다. 만주, 대만 및 팽호도 등 일본이 청국으로부터 훔친 모든 영토는 중화민국에 반환한다. 또 일본은 폭력violence과 탐욕greed으로 장악한 모든 다른 영토에서 쫓겨난다"고 선언했다. 또한 태평양전쟁이 끝나기 직전인 1945년 7월에 루스벨트·처칠·장제스가 발표한 포츠담 선언의 제8항에서도 역시 "카이로 선언의 모든 조항은 이행될 것이며, 일본의 주권은 혼슈·홋카이도·규슈·시코쿠와 연합국이 결정하는 작은 섬들에 국한될 것"이라고 밝혔다.

1947년 1월 대일평화조약 초안이 처음 만들어졌다. 제1장 제1조는 "일본의 영토적 한계는 1894년 1월 1일에 존재했던 것으

◉ **카이로 회담에 참석한 연합국 정상들** 1943년 11월 이집트 카이로에서 만난 장제스 중화민국 총통, 루스벨트 미국 대통령, 처칠 영국 총리(왼쪽부터). 세 사람은 "일본은 폭력과 탐욕으로 장악한 모든 영토를 내놓아야 한다"고 선언했고, 이는 제2차 세계대전 종전 후처리의 기본 지침이 됐다.

로 하며, 이하 조항들에서 설정되는 내용에 종속된다"고 규정했다. 일본이 중국에 반환해야 하는 지역의 점령 기준일을 청일전쟁으로 잡았던 카이로 선언의 내용을 다른 지역에도 적용한 것이었다. 즉, 일본이 1894년 이후 '폭력과 탐욕'으로 장악한 영토는 모두 내놓아야 한다는 의미였다. 이어 제2조는 중국, 제3조는 소련에 양도될 지역을 밝혔고 제4조에서 한국에 관해 다음과 같이 서술했다.

> 일본은 이에 한국과 제주도·거문도·울릉도·독도를 포함한 한국 근해의 모든 작은 섬들에 대한 권리rights와 권원titles을 포기한다.

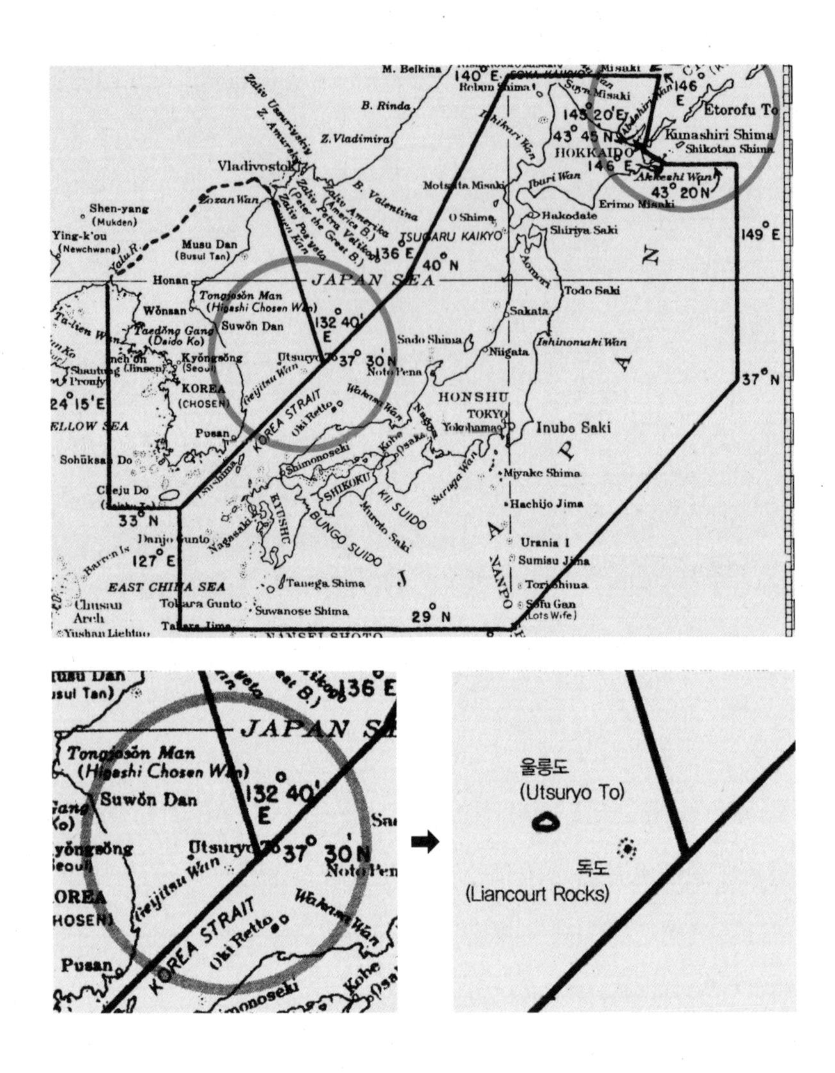

◉ **1949년 11월 2일 대일 평화조약안에 수록된 지도** 미국 국무부가 처음 내부 검토 차원을 넘어 국방부와 연합국최고사령부에 보낸 것으로 일본과 한국의 영토를 경계선과 경도·위도, 지명을 통해 분명하게 표시했다. 아래는 이 지도에서 독도 관련 부분을 확대한 것. 한국 영토 경계선 안쪽에 울릉도와 독도의 명칭과 위치가 명기됐다.

대일평화조약 초안은 이후 여러 차례에 걸쳐 내부 검토와 수정을 거쳤다. 하지만 독도를 한국 영토에 포함시킨다는 내용은 변하지 않았다.

미국의 대일평화조약 조기 체결 방침은 소련과 중국의 반대로 무산됐다. 이에 따라 대일조약작업단의 활동은 1948년 1월 중단 상태에 들어갔다. 하지만 그 뒤로 중화인민공화국과 북한 정권의 수립 등 동북아시아 정세가 급변하자 1949년 9월 미국은 영국 등과 협력하여 대일평화조약을 다시 추진하기로 방침을 세웠다. 이에 따라 대일조약작업단의 활동이 재개됐다.

1949년 11월 2일 대일평화조약 초안이 완성됐다. 대일조약작업단과 국무부 차원을 넘어서 국방부와 연합국최고사령부에 송부된 첫 번째 문서였다. 대일평화조약 초안의 독도 관련 부분은 1947년 1월 처음 작성된 이래 한 번도 변함이 없었기에 이번에도 당연히 독도를 한국 영토로 명기했다. 그리고 이런 내용은 첨부된 지도에도 명시됐다.

"독도를 일본 영토로"

그런데 연합국최고사령부의 의견을 수렴하는 과정에서 중대한 변화가 발생했다. 앞서 살펴보았듯이 주일 미 정치고문 겸 연합국최고사령부 외교국장인 윌리엄 시볼드가 "리앙쿠르암(다케시마)에 대한 재고를 건의함. 이 섬에 대한 일본의 주장은 오래되고 타당성이 있는 것으로 생각됨"이라는 답신을 보낸 것이다. 그는 11월 14일과 19일 두 차례나 국무부에 문서를 보내 "독도를 일본 영토로 해야 한다"고 주장했다. 이런 주장에는 아무런 근거 자료도 제시돼 있지 않았지만 맥아더의 권위에 편승한 그의 문서는 효력을 발휘했다.

1949년 12월 29일 대일조약직업단이 나시 만는 대일평화조약 초안에는 독도가 일본 영토에 포함됐다. 또 소련과 영토 분쟁이 있던 북방 4개 섬 가운데 하보마이와 시코탄이 일본 영토로 규정됐다. 그뿐만 아니라 일본 영토를 경계선을 그어서 표시하고 이를 지도로 첨부하는 방식도 사라졌다. 일본에 유리한 이 모든 변화는 시볼드의 건의에 따른 것이었다.

1950년 5월 존 포스터 덜레스가 대일평화조약 담당 미국 대통령 특사로 임명되면서 대일평화조약 초안의 틀은 완전히 달라졌다. 덜레스는 대일평화조약이 '징벌'이 아니라 '화해'에 바탕을 두

◉ **존 포스터 덜레스** 미국의 정치가로 1950년 5월 대일평화조약 담당 대통령특사로 임명돼 샌프란시스코 평화조약 체결을 주도했다. 1953년 1월 국무장관으로 취임한 뒤에는 독도 문제에서 중립을 지키며 '불개입'을 선언했다.

어야 한다고 생각했다. 게다가 곧이어 발발한 6·25전쟁으로 미국에게 일본의 전략적 가치가 높아졌다. 대일평화조약은 최대한 일본을 배려해서 간단하게 만드는 쪽으로 방침이 바뀌었다. 영토 조항에서도 일본 영토에 대해 구체적으로 명시하지 않기로 했다. 카이로·포츠담 선언의 정신에 어긋나는 결정이었다. 그 결과 1950년 8월 7일 다시 만들어진 대일평화조약 초안에는 일본 영토에 포함되거나 배제될 지역에 대한 언급이 모두 사라졌다.

최종 조약문에서 빠진 독도

1951년 3월 27일 미국은 다시 작성한 대일평화조약안을 주요 연합국 14개국과 일본·한국에 전달했다. 미국이 다른 국가에 처음 공개한 평화조약안이었다. 이 안의 한국 관련 부분에는 일본이 포기할 영토에 대한 아무런 규정이 없었다.

한편 영국과 호주·뉴질랜드·캐나다 등 영연방 국가들은 독자적으로 대일평화조약안을 준비하고 있었다. 이들은 1947년 8월(캔버라), 1950년 1월(콜롬보), 1951년 1월(런던) 등 세 차례에 걸쳐 회의를 가졌고, 영국을 중심으로 실무작업단을 구성해 대일평화조약안을 마련했다. 이들은 초안을 거듭 수정해서 최종 대일평화조약안을 1951년 4월 7일 영연방 8개국에 통보했다.

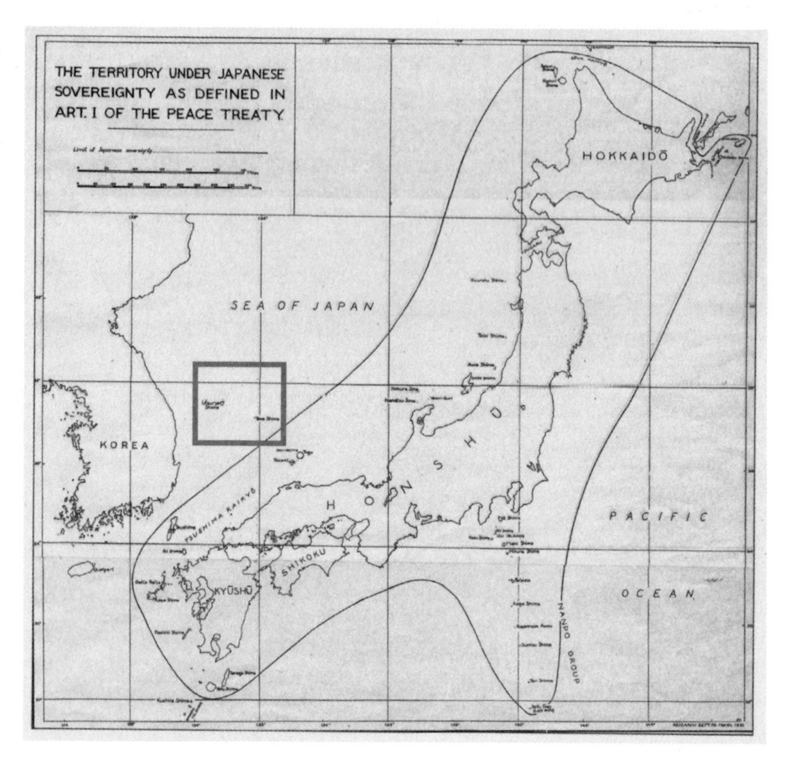

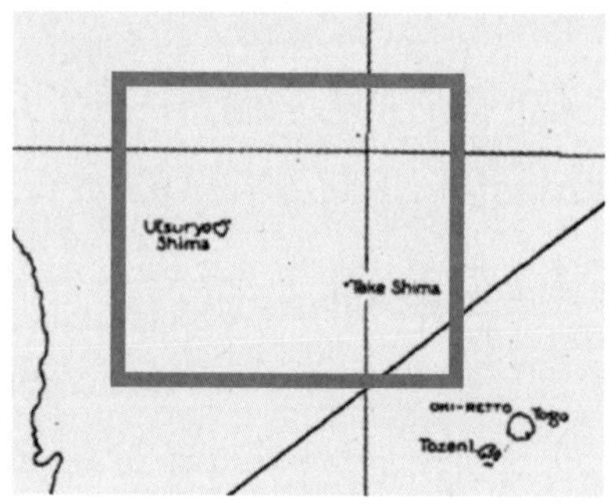

◉ **영연방 대일평화조약안 첨부 지도** 1951년 4월 영국이 영연방 8개국에 통보한 대일평화조약안에 수록된 지도. 일본의 영역을 위도와 경도, 지명을 명기하고 바다에 경계선을 그어서 명시했다. 아래는 이 지도에서 울릉도와 독도 부분을 확대한 것. 독도가 일본 영역 경계선 밖에 있다.

영연방의 대일평화조약안은 일본의 영토를 위도와 경도, 지명을 명기하고 지도에 경계선을 그어서 밝혔다. 한국과 관련해서는 제주도·울릉도·독도가 일본 영토에서 배제된다는 것을 명시했다. 첨부된 지도에도 분명히 표시됐다. 영연방은 카이로·포츠담 선언의 정신을 충실하게 따른 것이다.

미국과 영국은 대일평화조약의 최종안을 놓고 협의에 들어갔다. 그 결과 양국은 영토 문제에 대해 지도에 경계선을 긋지 않는 대신 조약문에 구체적인 지명을 열거하기로 합의했다. 하지만 영토를 예시하는 방식은 국가 간의 분쟁을 일으킬 소지가 많았다. 이에 대한 의견을 수렴하는 과정에서 뉴질랜드는 영연방안처럼 위도와 경도로 정확히 경계선을 긋는 방식이 바람직하다고 지적했다. 그러나 미국은 "일본 주위로 연속선을 그어 일본을 울타리로 감싸는 것처럼 보이는 것은 일본인에게 심리적 불이익을 준다"며 응하지 않았다.

1951년 5월 3일에 작성된 영·미 합동 초안은 "일본은 한국(제주도·거문도·울릉도를 포함한)에 대한 모든 권리·권원·청구권을 포기한다"고 규정했다. 결국 그동안 줄곧 울릉도와 함께 한국 영토로 언급되던 독도가 빠진 것이다. 이는 호시탐탐 독도를 노리는 일본과 영토 분쟁이 일어날 수 있는 불씨로 남았다. 실제로 이후 한·일 간의 독도 분쟁에서 이 조항의 해석은 첨예한 쟁점이 됐다.

대일평화조약안은 이후 부분적인 수정을 거쳐 최종 확정됐고,

1951년 9월 4~8일 미국 샌프란시스코에서 열린 평화회의에 제출됐다. 이 회의에는 교전 당사국 가운데 중국과 인도 등을 제외한 52개국이 참석했고, 소련·폴란드·체코슬로바키아를 뺀 49개국 대표가 조약문에 서명했다.

한국 정부, 독도 명기를 요구하다

한국이 대일평화조약 초안을 전달받은 것은 1951년 3월 27일이었다. 미국이 보내온 대일평화조약 초안의 중요성을 간파한 한국 정부는 4월 16일 이에 대한 한국의 의견서를 작성할 외교위원회를 구성했다. 장면 국무총리, 변영태 외무부장관, 김준연 법무부장관, 홍진기 법무부 법무국장 등 정부 인사와 유진오 고려대 총장을 비롯한 민간 전문가가 참여했다. 유진오는 제헌헌법의 초안을 작성했던 법학자로 대한민국 정부 수립 후 초대 법제처장을 역임해서 법률 실무에도 밝았다.

◉ **헌법학자 유진오** 고려대 총장 재임 시절 한국에 전달된 대일평화조약 초안 검토에 참여했다. 대한민국 초대 법제처장을 역임해 법률 실무에도 밝았던 그는 독도를 한국 영토로 명기해야 뒤탈이 없다고 주장했다.

외교위원회가 만든 한국의 답신은 1951년 4월 27일 미국 국무부에 송부됐다. 이 답신은 ▲한국에게 평화조약 서명국의 자격을 부여할 것 ▲재한在韓 일본인의 재산을 몰수한 미군정의 조치를 인정할 것 ▲맥아더라인을 존속시킬 것 등의 요구 사항을 담았다. 영토 문제와 관련해서는 대마도의 반환을 요구했고, 독도에 대한 언급은 없었다. 독도는 당연히 한국 영토로 생각했으므로 대마도 반환을 요구한 것이었다.

한국의 요구에 대한 미국의 반응은 부정적이었다. 1951년 7월 9일 양유찬 주미대사가 덜레스 특사를 만났을 때 미국은 한국이 대일평화조약 서명국에서 배제됐고 대마도 반환 요구는 기각됐으며 맥아더라인 존속을 명시하는 것도 어렵다고 통보했다. 그리고 1951년 5월 미국과 영국이 새로 만든 대일평화조약 초안을 전달했다.

영·미 합동 초안에서 일본이 한국에 넘겨주는 섬으로 제주도·거문도·울릉도를 예시한 것을 발견한 한국 정부는 문제가 있다고 판단했다. 유진오는 1951년 7월 하순 동아일보에 연재한 「대일강화조약 초안의 검토」라는 글에 다음과 같이 썼다.

덜레스 초안 때에는 부속도서에 관한 표시가 전혀 없었다. 역사적으로 한국에 소속돼 왔고, 누구나 다 한국 영토로 알고 있는 부속도서는 당연히 한국 영토가 되는 것이므로 차라리 아무 문제가 없으나 이번 초안에 있어서와 같이 세 도명島名을 박아 놓고 보니 도리어 이상한 감感

이 드는 것이다. 만일 순純형식적으로 이 조문을 해석한다면, 그러면 그 섬들만이 한국에 반환되고 나머지 섬들은 의연히 일본 영토로 남아 있는 것이라는 억설臆說을 들고 나올 자가 있을지도 모르기 때문이다. 그러므로 이 조문은 그러한 억설의 여지를 전혀 봉封하도록 개정되어야 할 것이며, 만일 본토에서 떨어진 도명島名을 예기할 필요가 있다면 차라리 독도 같은 것을 넣는 것이 좋을 것이다. 독도는 우리의 영토임이 명백하지만 이것을 명기해 두지 않으면 장래 말썽이 일어날 여지가 없지 않기 때문이다.

유진오에게 독도를 명기할 필요성을 주지시킨 사람은 역사학자이자 문인인 육당 최남선이었다. 유진오는 『사상계』 1966년 2월호에 실린 「한일회담이 열리기까지(상)」란 글에서 "제1착으로 찾

◉ **최남선** 저명한 문인이면서 우리 역사에도 해박했던 그는 유진오에게 독도의 내력을 자세히 설명해서 한국 영토라는 확신을 갖게 했다.

아간 곳이 최남선 씨 댁이었다. 역사상으로 보아 우리 영토로 주장할 수 있는 섬들이 무엇 무엇인가를 알기 위해서였다. 육당은 과연 기억력이 좋은 분이라 독도의 내력을 당장에 내가 확신을 가질 수 있을 정도로 설명해 주었다"고 회고했다. 최남선은 또 대마도가 한국 영토라는 주장은 무리라고 했고, 그 대신 제주도 남쪽에 있는 파랑도를 우리 영토로 해 두는 것이 좋다고 권유했다.

주미대사관의 부실 대응이 초래한 러스크 서한

1951년 7월 19일 다시 덜레스 특사를 만난 양유찬 주미대사는 한국 정부의 요구 사항을 담은 제2차 답신서를 전달했다. 첫 번째 요구 사항은 문제가 되는 초안의 문장을 "(일본은) 한국 및 제주도·거문도·울릉도·독도와 파랑도를 포함해서 일본의 한국병합 이전에 한국의 일부분이었던 섬들에 대한 모든 권리·권원·청구권을 포기한 것을 확인한다"로 대체할 것이었다. 두 번째는 한국 내 일본인 재산의 한국 이양 확인이었고, 세 번째는 맥아더라인 유지였다.

한국 정부의 요구 사항을 전달받은 미국 국무부는 담당 부서에 이를 검토하도록 했다. 1930년대부터 국무부의 지리담당관으로 근무한 새뮤얼 보그스는 7월 31일 "워싱턴에 있는 모든 자료

H.O. Pub. No.122B(1947) page	European name	Japanese name	Korean name
606	Quelpart	Saishu To	Cheju Do
584	"Port Hamilton"	Tonai Kai	Tonae Hae
534	Dagelet	Utsuryo To Matsu-shima(?)	Ullung Do
535	Liancourt Rocks	Take-shima	(none)
	?	?	Dokdo
	?	?	Parangdo

◉ **보그스 보고서** 미국 국무부의 지리담당관 새뮤얼 보그스가 독도 문제를 검토한 뒤 1951년 7월 31일 제출한 보고서의 부분. 일본이 말하는 리앙쿠르암(다케시마)과 한국이 말하는 독도를 서로 다른 섬으로 파악하고 있다.

를 찾아보았지만 두 섬(독도와 파랑도)을 확인할 수 없었다"고 보고했다. 그는 바로 얼마 전인 7월 13일 일본이 한국에 넘겨주는 섬에 리앙쿠르암을 추가해야 한다는 보고서를 작성했다. 그런 그조차 한국이 말하는 독도가 리앙쿠르암(일본명 다케시마)이라는 사실을 알지 못했던 것이다.

1951년 8월 초 대일평화조약 최종안 작성을 앞두고 미국 국무부는 마지막으로 독도 문제에 관한 확인 작업에 들어갔다. 국무부 담당자는 주미 한국대사관에 문의했고, "대사관의 한 외교관이 나에게 자신들은 독도가 울릉도 인근, 혹은 다케시마암 부근에 있다고 믿으며 파랑도 역시 그렇다고 생각한다고 말했다"고 보고서에 썼다. 6·25전쟁이 한창이던 당시 주미 한국대사관에는 겨우 3~4명이 근무했고, 대일평화조약에서 한국 정부의 주 관심사는 귀속재산 문제와 맥아더라인 존속이었다. 그렇다고는 해도 독도에 무지했던 한 외교관의 잘못된 답변은 엄청난 부작용을 낳았다. 외교관 한 명의 역할이 얼마나 중요한지를 보여주는 사례였다.

미국 국무부는 이후 주한 미국대사관과 주고받은 전문을 통해 독도가 리앙쿠르암(일본명 다케시마)이라는 사실을 알게 됐다. 하지만 상황은 한국에 불리하게 돌아갔다. 1951년 8월 10일 미 국무부 극동담당 차관보 딘 러스크가 양유찬 주미대사에게 공문을 보내왔다. '러스크 서한'으로 불리는 이 공문은 독도에 대해 다음과 같이 썼다.

> 독도–달리 다케시마 또는 리앙쿠르암으로 알려져 있는–에 관해서 말하자면 통상 사람이 거주하지 않는 이 바위덩어리는, 우리의 정보에 따르면, 한국의 일부로 취급된 적이 없으며 1905년 이래 일본 시마네현 오키도사島司 관할 아래 있었다. 한국은 이전에 이 섬에 대한 권리를 주장한 적이 없는 것으로 보인다.

러스크 서한은 한국이 독도에 대해 정확한 자료를 제공하지 못한 상황에서 일본이 선전용으로 만든 거짓된 자료에 일방적으로 의존해 잘못된 내용을 담고 있었다. 하지만 일본은 러스크 서한을 샌프란시스코 평화조약에서 독도를 일본 영토로 결정했다고 주장하는 주요 논거의 하나로 삼고 있다.

◉ **딘 러스크** 샌프란시스코 평화조약 조인 직전인 1951년 8월 미국 국무부 극동 담당 차관보였던 그는 "우리 정보에 따르면 독도는 일본 땅"이라는 서한을 한국에 보내왔다. 1960년대 들어 케네디 · 존슨 행정부에서 8년간 국무장관을 역임했다.

고민 끝에 '불개입' 선언한 미국

러스크 서한은 그 충격적인 내용에도 불구하고 당시에는 별다른 주목을 받지 못했다. 한국에 제대로 알려지지 않았을 뿐 아니라 일본 정부나 주일·주한 미국대사관에 통보되지도 않았다. 따라서 샌프란시스코 평화조약이 체결된 뒤 관련자도 잘 모르는 채 1년 넘게 쟁점이 되지 않고 지나갔다.

러스크 서한이 문제가 된 것은 1952년 1월 이승만 대통령의 평화선 선포로 시작된 한국과 일본의 독도 영유권 분쟁이 1952년 9월 독도에서 발생한 미군기 폭격 사건으로 폭발하면서였다. 그때 미국 국무부와 주일·주한 미국대사관이 이 문제의 처리 방안을 논의하는 과정에서 러스크 서한의 존재가 드러났다. 주일 미국

대사관은 러스크 서한을 공개해야 한다고 주장했다. 하지만 그런 결정이 한·미·일 관계의 파국을 가져올까 우려한 미국 국무부는 일본 정부에는 러스크 서한을 알리지 않고 한국 정부에만 러스크 서한을 상기시키며 입장 완화를 유도하는 방향을 택했다.

미국의 소극적인 태도 속에서 1953년 들어 한·일 간의 독도 분쟁은 점차 수위가 높아졌다. 일본은 계속해서 독도를 불법 침입했고, 7월 12일 한국 경찰이 일본 어선을 검문하는 과정에서 총격 사건이 발생했다. 이런 가운데 주일 미국대사관은 대사 이하 고위 외교관들이 총출동하여 러스크 서한을 공개해야 한다고 목소리를 높였다.

혼란이 계속되자 1953년 1월 미국 국무장관에 취임한 덜레스가 사태 수습에 나섰다. 그는 1953년 11월 19일 주일·주한 미국대사관에 보낸 전문에서 "미국이 이 국제적 영토 분쟁에서 공개적으로 일본 편에 서는 것이 필요하거나 바람직하다고 믿지 않는다. 이 문제에 법률적으로 관련되지 않은 미국을 향해 입장을 분명히 밝히라고 하는 일본 정부의 주장은 즉각 중단돼야 한다"고 밝혔다. 이어 12월 9일 주일·주한 미국대사관에 다시 전문을 보내 "미국이 러스크 서한을 작성했다고 해도 샌프란시스코 평화회담의 결정과 무관한 것이며, 미국은 독도 문제에 개입하지 않겠다"고 선언했다. 이후 미국은 한·일 간의 독도 문쟁에서 줄곧 중립적 입장을 견지하고 있다.

6

평화선을 선포하다

1951~1952년

이승만
김동조

샌프란시스코 평화조약의 한국 관련 조항을 놓고 한국과 미국의 마지막 협의가 치열하게 진행된 직후인 1951년 8월 25일 피난수도 부산의 경상남도 도청에 마련된 국무회의실에서 외무부·상공부·법무부·해군본부 등의 실무 국·과장이 자리를 함께했다. 이들은 대일평화조약이 발효되고 연합국최고사령부SCAP가 해체되면 자연 소멸할 맥아더라인에 대한 후속 대책을 마련하기 위해 모인 것이었다.

당시 일본은 세계 최고 수준의 어획량을 가진 수산 대국이었지만 제2차 세계대전 패전 이후 어민의 활동이 위축돼 있었다. 이런 상황에서 일본 어선의 조업 지역을 제한해 온 맥아더라인이 사라지면 그동안에도 맥아더라인을 침범하던 일본 어선이 마음 놓고 한국 연해를 누비고 다닐 것은 불 보듯 뻔했다. 어선과 어구漁具 등에서 일본 어민과 견줄 상태가 아니었던 한국 어민이 극심한 피해를 입을 것은 말할 필요도 없었다. 그래서 한국 정부는

◉ **이승만과 맥아더** 1948년 8월 15일 대한민국 정부 수립 축하식에 이승만 대통령의 초청으로 참석한 맥아더 연합군총사령관(왼쪽). 한국은 대일평화조약 체결 이후에도 일본 어선의 독도 접근을 막을 수 있는 맥아더라인의 존속을 주장했다. 하지만 이 요구가 받아들여지지 않자 더 강력한 평화선을 선포했다.

1951년 4월부터 수산업을 관장하는 상공부를 중심으로 대책 마련에 부심하고 있었다.

맥아더라인을 대체할 어업보호관할수역

이 회의에서 우리 상공부는 어업보호관할수역을 설정하는 방안을 제시했다. 해안에서 3해리[약 5.5km]인 영해선 밖에 한국 어민의 주요 어장을 보호하는 관할수역을 만들자는 것이었다. 당시 영해 밖의 공해公海에서는 원칙적으로는 어업 활동이 자유였지만 1945년 9월 트루먼 미국 대통령이 미국 연안에 가까운 바다를 어업자원보존수역으로 지정하고, 대륙붕의 천연자원도 미국의 관할권에 속한다고 선언한 예가 있었다. 이어 멕시코·파나마·아르헨티나 등 중남미 국가도 인접 해역과 대륙붕에 대한 권한을 행사하겠다고 나섰다. 외국 자료 조사를 통해 이 같은 국제적 흐름을 파악한 외무부의 도움을 받아 상공부는 동해~남해~서해를 연결하는 선을 그었다.

그런데 상공부가 제시한 안에는 독도가 빠져 있었다. 동쪽 선이 한반도의 최북단에서 시작해 울릉도와 독도 사이를 지나고 거제도와 대마도 사이를 거쳐 제주도 남쪽에 이르렀다. 당시 상공부 어로과장으로 이 안을 만들었던 지철근은 회고록 『평화선』에서 "당초 이 안을 구상할 때 독도가 엄연히 우리 영토임을 잘 알고 있으면서도 독도 안으로 선을 긋게 된 것은 실제 주요 어장이 모두 이 수역 안에 있었고, 되도록이면 일본에 자극을 주지 않고 반발을 막으며 실리를 거두자는 데 있었다"고 그 이유를 밝혔다. 독도를 포함하면 한반도 연안에서 200해리[약 370.4km] 정도가 되어 너무 넓다는 인상을 준다는 점도 고려됐다.

하지만 외무부는 어업보호관할수역에 독도를 포함시킬 것을 강력하게 주장했다. 독도를 관할수역 밖에 두면 독도가 한국 영토가

◉ **김동조** 1951년 당시 이승만 정부의 외무부 정무국장이었다. 상공부가 마련한 어업보호관할수역 안에 독도가 빠져 있는 것을 보고 포함시켜야 한다고 주장했다. 뒤에 주일대사와 외무부 장관을 역임했다.

아니라는 잘못된 인식을 줄 수 있다는 이유에서였다. 당시 외무부 정무국장으로 이 문제에 깊이 관여했던 김동조는 회고록 『회상 30년 한일회담』에서 "자문에 응했던 일부 인사들은 순수한 어업 보호수역의 설정을 위해서라면 독도의 포함이 명분에 맞지 않는 일이라고 반대하기도 했지만 나는 앞으로 한·일 간에 야기될지도 모를 독도 분규에 대비해 주권 행사의 선례를 남겨 놓는 것이 반드시 필요하다고 생각했다"고 밝혔다.

당시 외무부 정무국은 샌프란시스코 평화조약 업무에도 관여하고 있었다. 대일평화조약에 독도가 한국 영토로 명기되지 않는다는 사실을 알게 된 외무부가 택한 차선책이 독도를 관할수역에 포함시키는 것이었다. 정재민 전 외교부 독도법률자문관은 저서 『국제법과 함께 읽는 독도 현대사』에서 "(평화선 선포는) 대일평화조약 체결 직후이자 발효 전에 이루어진 것으로 대일평화조약과 관련해서도 독도가 한국령領이라는 것을 전 세계에 선포한 국제법상 단독 행위"라며 "이러한 관측과 판단은 미래를 정확하게 예측한 것일 뿐만 아니라 국제법적으로도 매우 정확한 것이었다"고 분석했다. 독도 문제와 관련한 결정적 순간에 주미 한국대사관이 커다란 실책을 범하자 외무부 본부가 수습에 나선 셈이었다.

외무부와 상공부 등은 대일평화조약 조인 전에 어업보호관할수역을 선포할 계획이었다. 그래서 안건을 국무회의에 긴급 상정했고, 샌프란시스코 평화조약 체결 하루 전인 1951년 9월 7일 국무회의를 통과했다. 하지만 이승만 대통령은 이를 재가하지 않았다. 우리가 먼저 맥아더라인을 포기하는 듯한 인상을 줄 필요는 없다고 판단했기 때문으로 해석된다.

더 강화된 해양주권선언을 하다

그런데 이로부터 4개월이 지난 1952년 1월 18일 기존에 논의되던 어업 보호에다 대륙붕 자원의 보존·이용이 추가되고 국방·안보 측면까지 보강된 '인접해양에 대한 주권에 관한 대통령선언'이 선포됐다. 국무원 포고 제14호로 이승만 대통령이 서명하고 허정 국무총리, 변영태 외무부장관, 이기붕 국방부장관, 김훈 상공부장관이 부서한 이 선언은 "대한민국의 주권과 보호 하에 있는

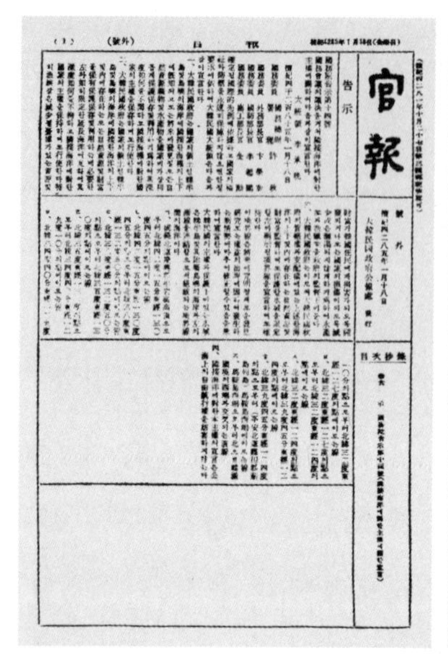

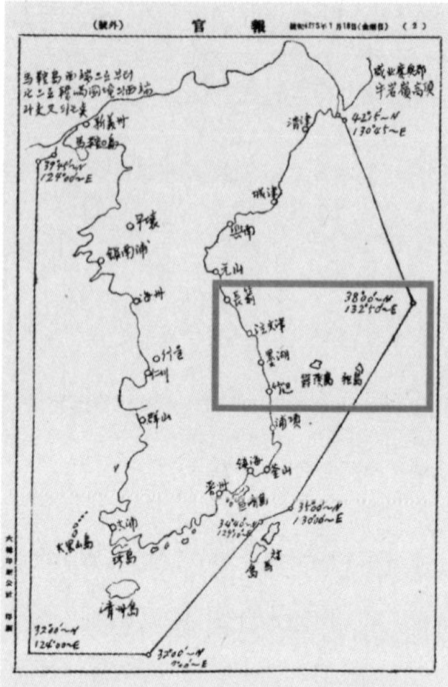

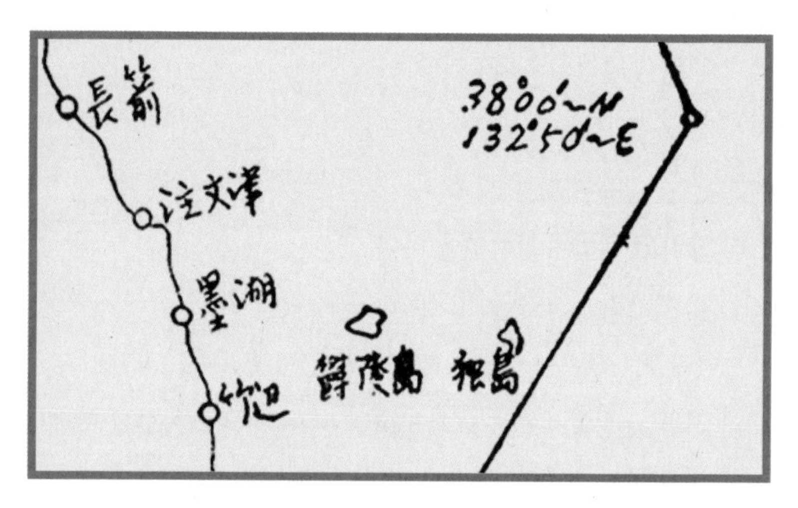

◉ **관보에 게재된 평화선** 1952년 1월 18일 대한민국 관보에 실린 '인접해양에 대한 주권에 관한 대통령선언'. 이 선언으로 설정된 해양주권선은 훗날 평화선으로 불리게 된다. 오른쪽은 관보에 대통령선언과 함께 수록된 지도. 9개의 선을 연결해서 대한민국의 관할 및 지배 범위를 명시했다. 아래는 동해 부분을 확대한 것으로 울릉도와 독도가 그 범위 안에 있는 것을 확인할 수 있다.

수역은 한반도 및 그 부속도서의 해안과 좌左의 제선諸線을 연결함으로써 조성되는 경계선 간의 해양이다"라고 밝혔다. 그리고 '함경북도 경흥군 우암령 고정高頂'에서 동해안, 남해안, 서해안을 거쳐 '마안도 서단西端으로부터 북으로 한만韓滿 국경의 서단과 교차되는 점'까지 9개의 선을 연결해서 대한민국의 관할권과 지배권이 미치는 범위를 분명히 했다.

왜 이승만 대통령은 반년도 안 돼서 판단을 바꾸어 당초 계획보다 더 강력한 선언을 한 것일까? 이는 미국이 한국의 거듭되는 요청에도 맥아더라인을 유지할 의사가 없었고, 1951년 10월 도쿄에서 열린 한일회담 예비회담에서 일본이 성의 없는 태도를 보였기 때문이었다. 한일회담 예비회담에 참석했던 김동조는 앞의 회고록에서 다음과 같이 썼다.

> 나는 예비회담의 진행과 일본 측의 회담에 임하는 태도나 우리 측 주장에 대한 반응을 예의 지켜보면서 우리가 이에 대응할 카드로서는 어업자원보호수역 선포가 절대적으로 필요하다는 점을 깊이 절감했다. 그래서 귀국하는 길로 보호수역을 왜 하루바삐 선포해야 하는가를 자세히 보고하는 한편 대통령의 의중에 따라 단순한 어업자원 보존의 차원을 넘어 안보·국방 차원의 성격까지도 포함시켜 새로 선언문을 가다듬었다.

1952년 4월로 예정된 샌프란시스코 평화조약의 발효를 3개월 앞두고 나온 한국의 '인접해양에 대한 주권에 관한 대통령선언'은 큰 파문을 일으켰다. 일본이 열흘 만인 1952년 1월 28일 이 선언이 국제법상 공해 자유의 원칙에 어긋나며 일본 영토인 죽도竹島(리앙쿠르암)를 포함하고 있다고 항의하는 외교 서한을 보내왔다. 이어 미국도 2월 11일 한국이 공해와 그 영공을 배타적 통제 아래 두려는 것 아니냐는 항의 의사를 전달해 왔다. 대만은 그해 6월, 영국은 1953년 1월 각각 항의 성명을 냈다. 이처럼 주변국이 반발하자 한국 정부는 1953년 2월 8일 "이 선을 설정한 주 목적은 한·일 양국의 평화 유지에 있다"는 성명을 발표했다. 이때부터 한국에서는 이 선언으로 획정된 해양주권선을 '평화선'으로 부르기 시작했다.

한국 정부는 평화선 수호를 통해서 독도에 대한 실효적 지배를 확립하려는 강력한 의지를 나타냈다. 이승만 대통령은 1952년 7월 18일 평화선을 침범하는 외국 선박을 나포하라고 해군에 지시했다. 이어 10월 4일 나포된 외국 선박과 선원을 심판하기 위하여 대통령 긴급명령 제12호로 포획심판령이 제정됐고, 이에 따라 포획심판소와 고등포획심판소가 설치됐다. 또 1953년 12월에는 평화선을 법적으로 뒷받침하기 위한 어업자원보호법이 제정됐다.

그렇게 평화선 선포로 독도에 대한 관심이 높아지는 상황에서

1952년 9월 한국산악회는 '제2차 울릉도·독도 학술조사대'를 파견했다. 1947년 8월 제1차 학술조사대의 부단장을 맡았던 홍종인을 단장으로 40여 명의 각계 전문가가 참가하고 정부 부처의 전폭적인 후원을 받은 제2차 학술조사대의 목적은 "독도가 울릉도의 부속도서로서 우리 영토 됨을 밝히는 것"이었다.

그러나 1952년 9월 17일 교통부 소속의 순항선 진남호를 타고 부산항을 출발한 제2차 울릉도·독도 학술조사대는 다음 날 오전 울릉도 도동항에 도착했을 때 사흘 전인 9월 15일 미군기로 추정되는 비행기가 독도의 서도에 폭탄 네 발을 투하했다는 소식을 들었다. 조사대는 공군과 상공부에 문의를 했고, "독도는 미 공군의 폭격연습장이 아니다"라는 회답을 받았다. 그런데 이를 확인한 조사대가 9월 22일 독도에 접근했을 때 또 미군기 네 대가 나타나 두 시간 이상 독도에 폭격 연습을 실시했다. 할 수 없이 독도 상륙을 포기하고 울릉도로 돌아온 조사대는 해군과 공군을 통해 미군 측과 연락을 취한 뒤 9월 24일 다시 독도 조사에 나섰다. 하지만 이번에도 미군기들이 독도에 폭격 연습을 하고 있어 상륙할 수 없었다. 결국 조사대는 독도 조사를 단념하고 돌아서면서 독도 폭격이 일본 측의 사주를 받은 주일 미 공군에 의한 것으로 추정했다.

주일 미군의 폭격 연습장으로 지정되다

1952년 9월 독도에서 폭격 연습을 한 미군기들이 일본의 사주를 받은 주일 미 공군 소속일 것이라는 '제2차 울릉도·독도 학술조사대'의 추정은 합리적이었다. 한국 외무부는 1952년 11월 10일 주한 미 대사관에 한 달 반 전 세 차례나 발생한 독도 폭격에 대해 항의하고 재발 방지 약속을 요구했다. 주한 미 대사관은 이를 유엔군 사령관에게 전달하면서 독도 폭격 중단을 요청했다. 그러고 나서 1952년 12월 4일에 한국 측에 독도 폭격 사건은 조사가 곤란하며 독도에 대한 폭격은 중단할 예정이라고 답변했다. 도쿄에 있는 미 극동군사령부는 1952년 12월 18일자로 독도를 공군 폭격장으로 사용하는 것을 중단했다. 1953년 1월 한국 정부는 이 같은 사실을 통보받았다.

일본 영토가 아닌 독도를 주일 미 공군의 폭격 연습장으로 지정한 것은 1952년 7월 26일 열린 미·일 합동위원회였다. 1951년 9월 8일 체결된 미·일 안전보장조약과 그 후속 조치로 1952년 2월 28일 조인된 미·일 행정협정에 따라 구성된 이 합동위원회는 일본 전역의 26곳을 미군의 해상 연습장으로 지정했다. 합동위원회의 결정 사항을 담은 일본 외무성 고시 제34호는 '공군 훈련구역 제9죽도 폭격훈련구역'을 포함하고 있었다. 하지만 일본의 주요 언론에 보도된 기사에는 독도가 언급되지 않았고, 관련 지도에도 표시되지 않았다.

한국의 독도 연구자들은 이처럼 언론 보도에서 독도만 빠진 사실을 들어 일본이 반 년 전 선포된 한국의 평화선에 맞불을 놓기 위해 독도를 미 공군의 폭격 연습장으로 지정하는 술책을 부리고 이를 비밀에 붙였다고 주장한다. 1952년 9월 주일 미 공군의 세 차례 독도 폭격도 일본의 농간에 의한 것으로 의심한다. 홍성근 동북아역사재단 연구위원은 "독도를 주일 미 공군의 폭격 연습장으로 지정한 뒤에도 거의 폭격 연습이 없다가 한국 정부가 파견한 제2차 울릉도·독도 학술조사대의 활동 일정에 맞춰 세 차례나 폭격이 이뤄졌다는 점을 보면 1952년 9월의 폭격은 독도 조사를 저지하려는 목적과 결코 무관하지 않다"고 분석했다.

독도가 주일 미 공군의 폭격 연습장으로 지정되는 과정을 보면 이런 주장이 무리가 아니라는 사실을 확인하게 된다. 시마네현 출신인 야마모토 도시나가 의원은 미·일 합동위원회 개최 두 달 전인 1952년 5월 23일 중의원 회의에서 "들리는 바에 따르면 정부에서는 다케시마를 미 공군의 해상 폭격 연습지로 예정하고 있다는데, 그것은 죽도를 연습지로 지정하는 것에 의해 일본 영토권을 확보한다고 하는 정치적 함의를 품고 있다고 생각하는데 그런가?"라고 물었다. 이에 대해 외무성 정무차관은 "그 설說과 같은 선에서 진행하고 있다"고 답변했다. 독도를 주일 미군의 폭격 연습지로 지정하여 독도가 일본 영토인 것처럼 미국이 뒷받침하게 만든다는 계략을 일본 정부 고위 인사가 직접 확인한 것이었다.

일본이 독도 문제에 다시 미국을 이용하려는 술수를 짜낸 이유는 일본 자체로는 독도에 대한 영유권을 주장할 근거가 없었기 때문이었다. 1951년 9월 조인된 샌프란시스코 평화조약에서 독도가 한국 영토로 명기되지는 못했지만, 그렇다고 일본 영토로 정해진 것도 아니었다.

일본 정부의 실무 담당자들은 독도가 일본 영토라는 주장이 무리라는 사실을 알고 있었다. 1951년 10월 일본 외무성이 샌프란시스코 평화조약의 비준요청서를 중의원에 제출하면서 앞부분에 붙인 '일본영역참고도日本領域參考圖'는 독도를 일본 영토에서 제외하고 한국 영토로 표시했다. 그 방식은 1946년 1월 29일 독도를 울릉도와 함께 한국의 행정구역으로 명시한 연합국최고사령관 지령 제677호에 첨부된 지도와 동일했다. 또 샌프란시스코 평화조약 발효 한 달 뒤인 1952년 5월 25일 마이니치 신문사가 발행한 『대일對日평화조약』이라는 해설서 앞부분에 실린 '일본영역도日本領域圖' 역시 독도를 일본 영토가 아닌 한국 영토로 표시했다.

이런 상황에서 일본 정부는 주일 미국대사관과 주일 미군이 일본에 호의적이라는 점을 독도 문제에 이용하기로 한 것이었다.

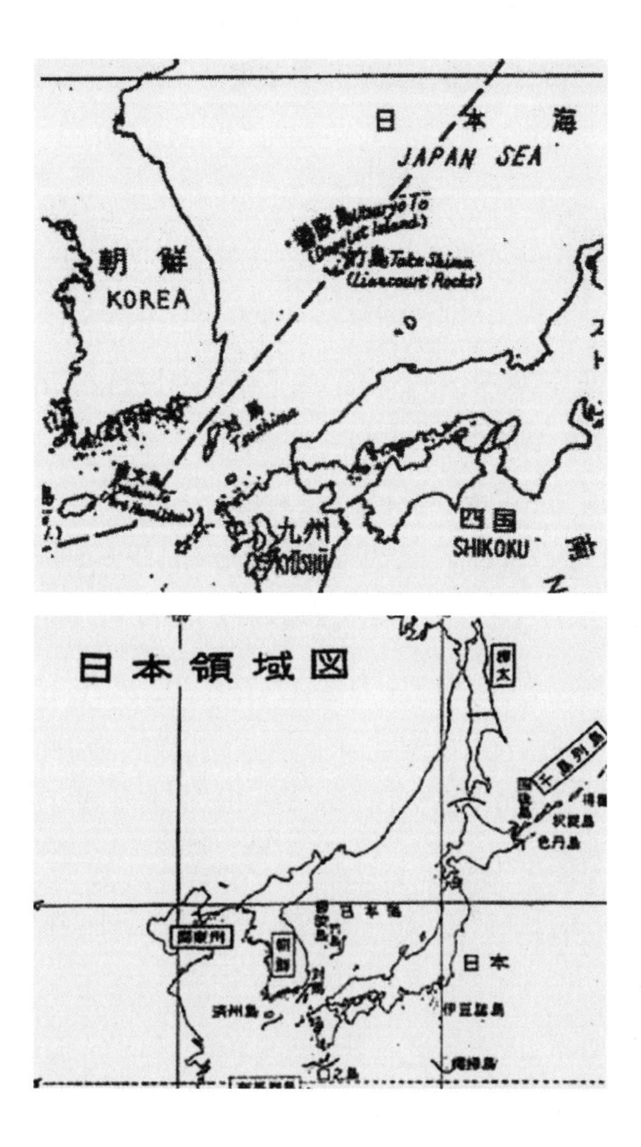

◉ **'일본영역참고도'와 '일본영역도'** 1951년 10월 일본 외무성이 중의원에 제출한 샌프란시스코 평화조약 비준동의안에 첨부된 '일본영역참고도'(위). 연합국최고사령관 지령 제677호 첨부 지도와 같은 방식으로 독도를 한국 영토로 표시했다. 아래는 샌프란시스코 평화조약이 발효된 뒤인 1952년 5월 일본 마이니치 신문사가 발행한 해설서에 실린 '일본영역도'. 역시 독도를 한국 영토로 표시했다.

폭격으로 죽은 독도 어부 16명

다행히도 1952년 9월 미군기의 독도 폭격으로 인명 피해가 발생하지는 않았다. 9월 15일 1차 폭격 때 독도 인근에는 울릉도 통조림 공장 선박인 광영호가 해녀들을 동원해서 소라와 전복 등을 따고 있었다. 하지만 해녀들과 선원들이 바로 대피해서 피해를 입지는 않았다. 9월 22일과 24일 2·3차 폭격은 학술조사대가 독도에 가까이 접근하지 않아서 피해가 없었다.

그러나 독도 폭격은 한국인에게 커다란 트라우마였다. 폭격 사건이 일어나기 4년 전인 1948년 6월 8일 미 공군기가 독도에 폭탄을 떨어뜨려 인근에서 조업하고 있던 어부 16명이 사망하고 10명이 중상을 입었으며 어선 20여 척이 파괴되는 참사가 일어났었기 때문이다. 1948년 6월의 독도 폭격 역시 주일 미 공군에 의한 것이었다.

1947년 9월 16일 발령된 연합국최고사령관 지령SCAPIN 제1778호에 의해 독도는 주일 미 공군의 폭격 연습지로 지정됐지만 한국 어민은 물론 주한 미군과 미군정도 알지 못했다. 독도 폭격 사건이 좌익 세력의 반미 선동에 이용될 것을 우려한 존 리드 하지 미군정 사령관은 당시 막 개원한 대한민국 국회에 정중한 사과 성명서를 보내는 한편 도쿄에 있던 맥아더에게 비밀 전문을 보내 독도를 주일 미 공군의 폭격 연습장에서 제외해 줄 것을 요청했다. 이에 따라 6월 말 독도가 주일 미 공군의 폭격 연습장에서 제외됐다. 그리고 폭격 현장인 독도와 피해자 가족이 살고 있는 울릉도·강원도 등지에 조사단을 보내 배상 절차를 신속하게 진행했다.

한국의 연구자들은 1947년 9월 독도를 주일 미 공군의 폭격 연습지로 지정한 SCAPIN 제1778호 역시 일본의 공작에 의한 것이 아니었나 의심한다. 이 시기 독도는 SCAPIN 제677호로 일본의 행정구역에서 제외되어 있던 데다 SCAPIN 제1033호에 의해 일본 어부의 접근 역시 금지되어 있었으므로 주일 미 공군의 폭격 연습장으로 지정한 것이 납득되지 않기 때문이다. 마침 이 무렵은 일본 외무성이 독도와 울릉도가 일본 영토라고 주장하는 팸플릿을 만들어 미국 국무부와 도쿄의 연합국최고사령부를 상대로 대대적인 선전 활동을 펼치고 있던 시기였다. 정병준 이화여대 교수는 저서 『독도 1947』에서 "1947~1948년의 사례가 1951~1952년 일본 정부 책략의 원천이 된 것인지, 아니면 두 사례가 모두 일본의 독도 영유권 확보를 위한 준비된 책략의 결과였는지는 밝혀지지 않았지만 독도의 미 공군 폭격 연습장 지정, 미 공군의 폭격, 한국 어민·어선의 피해 등은 두 사례가 정확히 일치한다"고 지적했다.

일본의 책략이 더욱 분노를 자아내는 지점은 일본 어민에게는 독도 폭격 연습장 지정을 알리고 접근을 금지시켰으면서 한국 어민에게는 그런 조치가 없었다는 사실이다. 1947년 9월에 내려진 SCAPIN 제1778호는 독도에 가까운 오키隱岐 열도와 혼슈섬의 서부 해안 주민에게 폭격 연습이 실시되기 2주 전에 미리 통보하도록 규정했다. 또 1952년 8월 일본 외무성 고시 제196호는 독도 인근에 대한 어선 출입을 금지했다. 하지만 한국 어민은 두 번 모두 독도 폭격이 있기 전까지 폭격 연습장 지정 사실을 까맣게 몰랐다.

1948년 6월의 독도 폭격 사건은 독도에 대한 한국인의 관심을 고조했고, 독도가 우리 땅이라는 공감대를 확산시켰다. 언론은 독도 폭격의 피해를 알리는 동시에 독도가 한국 영토임을 강조했다. 제1차 울릉도·독도 학술조사대의 부단장이었던 홍종인이 1948년 6월 17일자 조선일보에 「동해의 내 국토/슬프다 유혈의 기록-답사 회고」라는 글을 실은 것도 이때였다. 국회에서도 독도 폭격 문제가 논의됐다. 언론과 정당·사회단체는 한목소리로 진상 규명과 책임자 처벌, 배상을 요구했다. 독도 폭격 사건의 희생자 유가족에게 보내는 의연금과 성금이 전국에서 몰려들었다.

독도 폭격 사건이 발생한 지 두 해가 지난 1950년 6월 8일 독도 동도의 몽돌해안에서 경상북도 지사 조재천 등 100여 명이 참석한 가운데 '조난遭難어민위령비' 제막식이 열렸다. 가로 43cm, 세로 136cm, 폭 19cm의 비석에는 피해 어민의 넋을 위로하고 독도가 대한민국 영토임을 밝히는 내용이 새겨졌다. 이렇게 해서 독도는 막 독립을 되찾은 신생 대한민국의 주권을 상징하는 섬으로 떠올랐다. 1952년 두 번째 독도 폭격 사건의 반향이 컸던 것은 그 때문이었다.

◉ **독도 조난어민위령비** 1948년 6월 독도 폭격 사건이 발생한지 2주년이 되는 1950년 6월 8일 독도 동도의 몽돌해변에서 열린 조난어민위령비 제막식에서 우리 해군 병사들이 조총을 쏘고 있다. 아래 사진은 당시 경상북도 지사 조재천이 위령비 앞에 헌화하는 모습.

7

일본의 강·온 양면 공격

1953~1962년

변영태

외교 각서 논쟁

일본은 1945년 8월 제2차 세계대전 패전 이후 1952년 1월 한국이 평화선을 선포할 때까지 한국에 독도 영유권을 주장한 적이 없었다. 1947년 6월 외무성에서 팸플릿을 만들었을 때에나 미국을 대상으로 책략을 꾸몄을 때에도 국제사회에 독도가 일본 영토라고 주장했을 뿐 한국을 상대로 독도 영유권을 직접 내세우지는 않았다. 연합국최고사령관 지령 제1033호에 의해 일본 선박의 독도 접근이 금지돼 있었기 때문에 일본 배가 독도를 찾지도 않았다.

日本へ還る無人の'竹島'

怪奇な'アシカ'の群

岩上に韓国民の遭難碑

◉ **일본 신문에 실린 독도 탐방기** 제2차 세계대전 패전 후 일본 중앙 언론으로는 처음 독도를 답사 보도한 1951년 11월 24일자 아사히 신문. '일본에 돌아온 무인(無人)의 다케시마'라는 자극적인 제목을 달았다.

그런데 1951년 9월 샌프란시스코 평화조약 조인을 앞두고 일본 내의 분위기가 달라지기 시작했다. 8월 30일 시마네현이 대일평화조약에서 독도가 일본 영토라는 것을 재확인해 달라는 진정서를 외무대신에게 제출한 것이다. 10월 22일 일본 국회의 질의응답을 통해 샌프란시스코 평화조약에서 독도가 일본 영토로 확인됐다고 외무성 고위 인사가 발언했다.

이런 움직임이 있은 직후인 1951년 11월 아사히 신문이 일본 중앙 언론으로는 처음 독도를 방문해서 보도했다. 아사히 신문의 취재 기자와 사진 기자는 11월 13일 오후 일본 돗토리현 사카이항을 출발하여 이튿날 아침 독도에 도착했다. 이들은 취재 결과를 11월 24일자 아사히 신문에 실었다. 「일본에 돌아온 무인(無人)의 다케시마」라는 자극적인 제목을 단 장문의 기사는 "독도에 기괴한 강치 무리가 살고 있고, 한국인의 조난비가 설치돼 있다"고 보도했다.

이처럼 샌프란시스코 평화조약 체결을 앞두고 벌어진 한국과의 독도 외교전에서 우위에 섰다고 생각했던 일본은 한국이 예상치 못하게 평화선을 선포하며 독도에 대한 실효적 점유를 실행하자 당황했다. 하지만 독도가 일본 영토라는 근거가 약했기 때문에 처음에는 물리적 대응은 자제한 채 우회적인 방법으로 독도 분쟁에서 유리한 고지를 차지하려 했다. 평화선 선포를 비난하는 성명을 계속해서 발표하고 독도를 주일 미 공군의 폭격 연습장으로 지정하는 술책이 그런 것이었다.

'독도는 일본 영토' 표주 설치

그런데 1953년 5월부터 일본의 전략이 달라졌다. 한국 정부의 항의를 받은 미군이 독도를 주일 미 공군의 폭격 연습장에서 해제하자 독도에 일본의 공권력을 직접 행사하는 쪽으로 방향을 돌린 것이었다. 일본의 지방 정부는 물론 중앙 정부 관리가 잇달아 독도를 불법 침범하기 시작했다. 해상보안청도 독도 부근에 순시선을 파견했다.

1953년 5월 28일 선원 등 30명을 태운 시마네현 수산 시험선이 독도 앞바다에 나타났다. 그 가운데 6명이 독도에 불법 상륙했다. 당시 독도에서는 한국인 어부들이 고기를 잡고 있었다. 일본인들은 어부들과 대화를 시도했지만 말이 통하지 않자 물러갔다. 그로부터 한 달가량이 지난 6월 25일 이번에는 미국 국기를 게양한 목조선 한 척이 독도에 접근했고, 9명이 배에서 내렸다. 이들은 고기잡이하는 한국 어부들과 독도의 조난어민위령비를 촬영한 뒤에 떠났다.

두 차례에 걸쳐 독도 상황을 탐색한 일본은 마침내 행동에 나섰다. 1953년 6월 27일 역시 미국 국기를 단 함정 두 척이 독도 부근으로 다가왔다. 약 30명이나 되는 많은 인원이 배에서 내렸다. 이들은 일본 법무성 입국관리국, 국립경찰 시마네현 본부, 시마네현청 소속의 관리로 권총과 사진기를 들고, 전투모를 착용하고 있

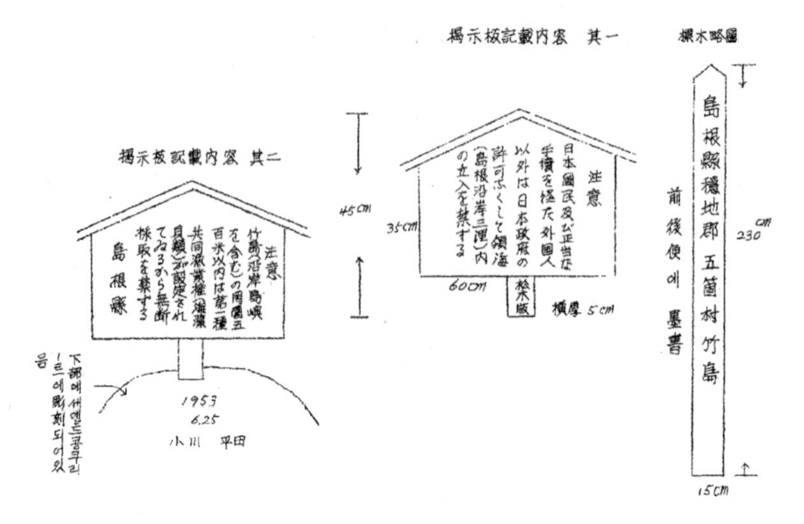

◉ **일본 관리들이 독도에 설치한 표주와 게시판** 1953년 6월 27일 독도를 무단 침범한 30여 명의 일본 관리들이 설치한 것으로 독도가 일본 영토라는 내용을 담았다. 1955년 한국 외무부 정무국이 발행한 『독도문제개론』에 표주와 게시판의 내용이 수록돼 있다.

었다. 이들은 앞뒤에 검은 글씨로 '시마네현[島根縣] 오치군[隱地郡] 고카무라[五箇村] 다케시마[竹島]'라고 쓴 표주標柱 2개와 '주의. 일본 국민 및 정당한 수속을 거친 외국인 이외는 일본 정부의 허가 없이 영해(도서 연안 3리) 내에 들어감을 금함' '주의. 다케시마(연안 도서를 포함) 주위 500미터 이내는 제1종 공동어업권이 설정되어 있으므로 무단 채포採捕를 금함. 시마네현'이라고 쓴 게시판 2개를 조난어민위령비를 둘러싸고 포위하듯 설치했다.

상주경비대 파견한 한국

일본의 거듭되는 독도 불법 침범은 한국의 여론을 악화시켰다. 6·25전쟁이 끝나지도 않은 상황에서 독도를 침탈하는 일본의 행태에 대해 한 신문은 "화재터의 좀도적 같다"고 분개했다. 국회와 경상북도 의회는 대통령에게 독도 수호를 위한 적극적인 조치를 촉구했다.

한국 정부는 1953년 7월 8일 외무부·국방부·내무부·해군 등 관련 부처의 국장급이 참여하는 '독도 문제에 관한 관계관 연석회의'를 열고 대책을 논의했다. 그 결과 등대 설치, 해군 함정 파견, 측량표 설치, 역사적·지리학적 조사의 4개 대책 항목이 결정됐다.

1953년 7월 11일 울릉경찰서는 김진성 경위, 최헌식 경사, 최용득 순경으로 구성된 순라반巡邏班을 독도에 파견했다. 이들에게는 경기관총 2문이 주어졌다.

이들이 독도에 도착한 다음 날인 7월 12일 일본 해상보안청 순시선이 독도로 접근하자 순라반은 일본 순시선에게 한국 영해를 침범했으니 울릉경찰서까지 동행할 것을 요구했다. 그러나 일본 순시선은 이를 거부하고 달아났다. 순라반은 정지를 명령했지만 듣지 않자 경기관총을 위협 발사했다.

이후로도 일본 관리들은 1953년 8~10월 여러 차례 독도에 불법 상륙하거나 해역을 침범했다. 10월 17일 독도 앞바다에 나타난 일본 순시선에는 일본 최고의 독도 전문가인 외무성 사무관 가와카미 겐조, 일본제국 육군 대좌 출신으로 일본 우익의 대변자였던 쓰지 마사노부 중의원 의원 등이 타고 있었다. 일본의 중견 외교관과 중진 정치인이 직접 독도 시찰에 나섰다는 데에서 이 무렵 일본이 독도 문제에 기울이고 있던 관심과 열의가 잘 드러난다.

영토 표지판을 둘러싼 공방

이 시기 독도를 침범하는 일본과 이를 막으려는 한국의 마찰이 가장 극명하게 드러난 것은 영토 표지판을 놓고 벌어진 공방이었다. 1953년 6월 27일 독도에 일본 영토 표주를 설치한 일본 관리들은 1947년 8월 한국산악회의 제1차 울릉도·독도 학술조사대가 설치했던 2개의 한국 영토 표목標木을 뽑아 버렸다. 일본인들이 설치한 표주는 일주일 뒤인 7월 3일 경상북도 경찰국이 철거했다. 8월 7일 일본이 다시 독도에 불법 상륙해서 일본 영토 표주를 설치했고, 9월 17일 울릉경찰서가 또 제거했다. 일본은 10월 6일 세 번째로 영토 표주를 설치했지만 10월 13~16일 독도를 찾은 한국산악회의 제3차 울릉도·독도 학술조사대가 이를 철거하고 한국 영

◉ **일본 표주를 뽑아내는 모습** 일본 관리들이 독도에 설치한 표주를 한국인들이 제거하고 있다. 1953년 하반기에는 독도에서 한국과 일본의 영토 표지판을 설치하고 뽑아내는 공방이 여섯 차례나 벌어졌다.

◉ **독도 등대와 '한국령'이 새겨진 바위** 일본의 독도 불법 침범이 이어지자 한국 정부도 이에 맞서 적극적인 대응을 시작했다. 1954년 8월에는 6미터짜리 등대를 설치하고 그 아래 바위에 '한국령'을 새겼다.

토 표석을 설치했다. 하지만 이 표석도 10월 21일 일본 관리들이 철거했다. 10월 23일 일본인들이 설치한 네 번째 영토 표주는 독도에 들어가기 어려운 겨울철을 지나서 이듬해인 1954년 5월 말 철거됐다. 불과 4개월 동안 여섯 번이나 한국과 일본의 영토 표지판이 독도에 번갈아 설치되고 철거되는 공방이 벌어진 것이다.

1953년 10월말 이후 잠잠했던 일본의 독도 불법 침범은 1954년 봄이 되자 다시 시작됐다. 3월부터 6월까지 시마네현과 돗토리현, 해상보안청 소속 선박들이 줄을 지어 독도에 불법 상륙하거나 독도 해역을 침범했다.

한국 정부의 대응도 본격화됐다. 1954년 6월 독도에 상주경비대가 파견됐고, 이들이 거주할 막사가 건설됐다. 8월에는 높이 6m의 등대를 설치하고 미국·영국·프랑스·교황청에 이를 알렸다. 또 경비용 초소와 무선 통신 시설도 들어섰다. 등대 아래 바위에는 '한국령韓國領'이라는 거대한 글씨가 새겨졌다. 9월에는 독도의 모습을 담은 기념우표가 2환·5환·10환 세 종류 발행됐다. 일

◉ **독도 우표** 1954년 9월에 2환, 5환, 10환짜리 독도 우표 3종이 발행됐다. 그 후로도 독도 우표는 꾸준히 인기를 얻어 2002년과 2004년에도 독도의 자연을 주제로 한 우표가 만들어졌다.

본 정부는 독도 우표가 붙어 있는 우편물은 돌려보내야 한다고 주장했지만 실효를 거두지는 못했다.

독도를 둘러싼 한국과 일본의 긴장이 높아지는 가운데 1954년 8월 23일 한 차례 더 총격 사건이 발생했다. 일본 해상보안청 순시선이 독도에 접근하자 한국 독도경비대가 600여 발의 총격을 가했고, 일본 순시선도 응사하면서 도주했다. 이 소식은 주한 외교사절을 통해서 전 세계에 급속도로 퍼져 나갔다.

이 사건이 일어난 뒤 한국 정부는 1954년 8월 31일 국무회의에서 "무슨 일이 있어도 독도를 일본의 침략으로부터 지키기 위해 수백 명의 경관을 상주시키기"로 결의했다. 10월에는 독도에 박격포가 설치됐다. 11월 21일 일본 해상보안청 순시선 두 척이 독도를 다시 침범했을 때 박격포탄 5발이 발사됐다.

한국이 일전을 불사하면서 독도 수호의 강력한 의지를 거듭 분명히 하자 일본은 더 이상 독도를 불법 침범하지 못했다. 한국 정부의 단호한 대응이 독도에 대한 일본의 야욕을 또 한 번 꺾은 것이었다.

"국제사법재판소 가자" 주장한 일본

독도를 주일 미 공군의 폭격 연습장으로 지정하여 미국이 독도를 일본 영토로 인정하는 것처럼 호도하려는 술책도 한국 정부의 항의로 효과를 거두지 못하고 일본 관리들이 독도로 몰려와서 '독도는 일본 땅'이라는 표목을 설치하는 것도 한국 정부의 단호한 대응으로 인해 실패로 돌아가자 일본 정부에게 남은 방법은 외교 전술밖에 없었다. 일본은 국제 분쟁을 해결하는 수단으로서 전쟁과 무력 행사를 금지한 평화헌법 때문에 독도 문제에 대해서도 물리력을 행사할 수 없었다. 그래서 총격과 박격포까지 발사하는 한국 독도경비대에 일본 해상보안청 순시선이 제대로 대응하지 못했던 것이다.

일본 정부는 1954년 9월 25일 주일 한국대표부에 독도 문제를 국제사법재판소ICJ · International Court of Justice에 부치고 그 판정에 따르자는 구술서를 전달했다. 이 구술서는 "문제가 국제법의 기본 원리의 해석을 포함한 '영유권 분쟁'인 한 분쟁을 판결하기 위해 국제재판소에 위탁하는 것이 오직 평등한 해결책이 될 것"이라고 주장했다. 한국과 일본 사이에 독도 영유권 분쟁을 기정사실로 간주한 것이었다.

한국 정부는 1954년 10월 28일 일본 측의 제의를 단호하게 거절하는 구술서를 주일 한국대표부를 통해 일본 정부에 전달했다. 이 구술서는 "한국은 독도에 대해 처음부터 영유권을 갖고 있으며, 어떠한 국제 법정에서도 그 영유권 증명을 구해야 할 하등의 이유가 없다"며 "영토 분쟁이 존재하지 않는데도 '가짜 영토 분쟁'

23. 1954.9.25字 日韓口述書(No. 158/A6)

The Ministry of Foreign Affairs presents its compliments to the Korean Mission in Japan, and, in regard to the problem of the possession of Takeshima, has the honour to state as follows:-

1. The Japanese Government, being firmly convinced that Takeshima constitutes an integral part of Japanese territory, has refuted on several occasions in its official notes, especially in the Ministry's Note Verbale No. 15/A2 dated February 10, 1954, the Korean Government's contention that the said island should belong to Korea. However, the Korean Government utterly ignored the position of the Japanese Government. Despite repeated representations and serious protests of the Japanese Government, illegal acts have been frequently committed by Korean authorities and nationals, such as invasion of Takeshima, fishing in the Japanese territorial waters around Takeshima, and the planting of Korean landmarks and a lighthouse in the said island. Moreover, a Japanese patrol ship recently dispatched to investigate the situation of the island was suddenly fired upon from the island and suffered damage.

2. In as much as the issue is a dispute on territorial rights, involving interpretation of the fundamental principles of international law, the only equitable solution would be to refer the dispute to an international tribunal for a decision. Being most anxious to see a peaceful solution of the dispute, the Japanese Government hereby proposes

-74-

that the dispute be submitted to the International Court of Justice by mutual agreement of the Japanese and Korean Governments.

3. The Japanese Government is confident that the Korean Government, on its part, would also be agreeable to entrusting the final decision of this dispute to the most fair and authoritative organization, the International Court of Justice, and, therefore, expects to receive a favourable reply shortly.

The Japanese Government hereby pledges itself to comply in good faith with whatever decision the Court may reach.

4. The most desirable course to be adopted pending the decision of the Court would be for both Governments to seek all possible means to avoid further complications. Accordingly, the Ministry wishes to advise the Mission that the Japanese Government is prepared to confer with the Korean Government concerning joint interim measures to be taken for prevention of the occurrence of untoward incidents in and around Takeshima.

The Ministry request the Mission that the latter convey the above proposals to the Korean Government and inform the Ministry of the Korean Government's views on them.

Tokyo, September 25, 1954.

-75-

◉ **일본 정부의 구술서** 1954년 9월 25일 일본 정부가 주일 한국대표부에 보내온 구술서. 독도 문제를 국제사법재판소에 갖고 가자는 제안을 담고 있다.

을 꾸며내고 있는 것은 바로 일본이다"라고 반박했다. 변영태 외무장관은 이와 관련하여 다음과 같은 성명을 발표했다.

> 독도는 일본의 한국 침략에 대한 최초의 희생물이다. 해방과 함께 독도는 다시 우리의 품 안에 안겼다. 독도는 한국 독립의 상징이다. 이 섬에 손을 대는 자는 모든 한민족의 완강한 저항을 각오하라! 독도는 단 몇 개의 바윗덩어리가 아니라 우리 겨레 영해領海의 닻이다. 이것을 잃고서야 어찌 독립을 지킬 수가 있겠는가! 일본이 독도 탈취를 꾀하는 것은 한국에 대한 재침략을 의미하는 것이다.

영문학 교수 출신인 변영태는 업무 처리에 꼼꼼한 사람으로, 성명문을 직접 다듬고 고치는 데 정성을 쏟았다. 국제법을 들어 독도 문제를 국제사법재판소, 즉 ICJ로 갖고 가자는 일본 측의 주장에 대해 그가 역사적 사실을 강조하며 강력하게 반박한 논리와 정서는 지금도 독도에 관한 한국 정부 대응의 기조가 되고 있다.

◉ **변영태** 1954년 당시 한국의 외무장관으로 일본의 독도 영유권 주장을 역사적 근거를 들어 강력하게 반박하는 성명을 발표했다.

이후에도 일본은 한일회담이 진행되고 있던 1962년 독도 문제를 ICJ에 회부하자고 주장했고, 이명박 대통령이 독도를 방문한 2012년에도 같은 주장을 폈다. 하지만 한국 정부는 그때마다 이를 단호하게 거부했다.

국내 재판은 원고가 소송을 제기하면 피고는 재판에 응해야 하지만 국제 재판은 원고와 피고 쌍방이 동의하지 않으면 재판이 성립하지 않는다. 그런데도 일본이 독도 문제를 국제 재판에 넘기자고 주장하는 것은 독도가 분쟁 지역이라는 인상을 국제 사회에 심어 주어 한국과 대등한 위치에 서려는 속셈이다. 더구나 일본은 ICJ에 강한 영향력을 미치고 있다. 지난 수십 년 동안 일본은 ICJ 재판관을 배출했고, 한국은 한 명도 없었다. 일본은 ICJ에 가장 많은 지원금을 내는 국가이기도 하다. 따라서 일본은 밑져야 본전이고 잘하면 이길 수 있다는 속셈으로 독도 문제의 ICJ행을 주장하는 것이다.

일본은 이와 함께 독도 문제에 관한 본격적인 외교 논쟁을 걸어왔다. 1952년 1월 18일 한국이 평화선을 선포한 직후부터 계속 항의하다가 1953년 7월 13일에는 구술서의 첨부 문서로 '죽도에 관한 일본 정부의 견해'라는 장문의 각서를 보내왔다. 역사적 사실과 국제법의 두 측면에서 일본의 독도 영유권을 주장한 이 각서에 대해 한국 정부는 1953년 9월 9일 그 내용을 반박하는 장문의 각서를 보냈다. 그러자 일본 정부는 1954년 2월 10일 다시 한국 측 각서를 반박하는 두 번째 각서를 보내왔고, 한국 정부는 1954년 9월 25일 이를 반박하는 각서를 보냈다. 일본 정부가 1956년 9월 20일에 보낸 세 번째 각서에도 마찬가지로 한국 정부는 1959년 1월 7일 반박 각서를 보냈다. 그러자 일본 정부는 1962년 7월 13일 네 번째 각서를 보내왔고, 이에 대해 한국 정부가 1965년 "일본 측의 독도 영유권 주장은 일고의 가치도 없다"고 일축하면서 독도 문제에 관한 한·일 간의 문서 왕복 공방은 끝났다.

한국과 일본은 일곱 차례에 걸친 외교 각서 작성에 상당한 공을 들였다. 처음에는 두세 달 만에 반박 각서가 작성되던 것이 6개월로 늘어나고, 공방이 치열해지면서 다시 2~3년으로 길어져 총 12년이나 걸렸다.

독도에 관한 외교 각서 작성에는 양국의 외교관은 물론 역사학

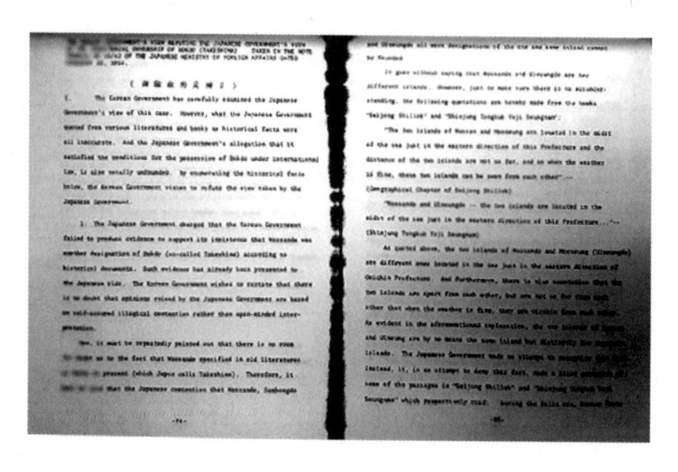

◉ **한국 정부의 두 번째 외교 각서** 1954년 9월 25일 한국 정부가 일본 정부에 보낸 2차 외교 각서. 한국과 일본은 독도 문제와 관련하여 1952년부터 1962년까지 일곱 차례 외교 각서를 통한 공방을 주고받았다.

자와 국제법학자가 대거 참여했다. 한국은 1947년 8월 제1차 울릉도·독도 학술조사대에 참여한 뒤 독도에 관한 첫 번째 논문을 썼던 신석호를 비롯하여 유홍렬·이선근·최남선 등 저명한 역사학자와 독도 문제에 관한 국제법 연구를 개척한 이한기·박관숙 등 국제법학자의 도움을 받았다.

일곱 차례 오간 외교 각서의 논점들

1953년부터 한·일 두 나라가 주고받은 독도 외교 각서에는 많은 논점이 들어 있었다. 이후 독도 문제의 쟁점이 대부분 이때 드러났다. 양국의 학자들이 이 쟁점을 둘러싸고 자기 나라의 입장을 강화해 줄 자료와 논리를 찾는 과정에서 본격적인 독도 연구가 시작됐다고 해도 과언이 아니다.

첫 번째 논점은 한국의 고문헌에 등장하는 우산도于山島가 독도냐는 것이었다. 한국 정부는 『세종실록』『동국여지승람』 등에 나오는 우산도 또는 삼봉도三峯島가 독도이며, 이는 한국이 독도를 오래전부터 알고 있었고 시찰했다는 사실을 보여준다고 주장했다. 그러나 일본 정부는 우산도와 삼봉도는 독도가 아니라 울릉도의 다른 이름이라고 주장했다.

두 번째 논점은 독도를 일본이 영토로 관리한 적이 있냐는 것이었다. 일본 정부는 에도 막부의 3대 쇼군[將軍]인 도쿠가와 이에미쓰 시절에 오야[大谷]·무라카와[村川] 두 가문이 울릉도를 배타적으로 사용할 권한을 부여받아 울릉도로 갈 때면 독도를 정박지로 사용했다고 주장했다. 이에 대해 한국 정부는 에도 막부가 두 집안에 부여한 '도해渡海 면허'는 원양 출어出漁 허가, 즉 어업을 위해 먼바다까지 나갈 수 있도록 허가해 준 것일 뿐이라고 주장했다.

세 번째 논점은 1693년 발생한 안용복 납치 사건에 대한 해석의 차이였다. 한국 정부는 안용복이 울릉도와 독도를 침범하는 일본인에게 두 섬이 한국에 속하는 땅임을 엄중하게 경고했다고 주장했다. 이에 대해 일본 정부는 안용복의 진술은 근거가 없는 억

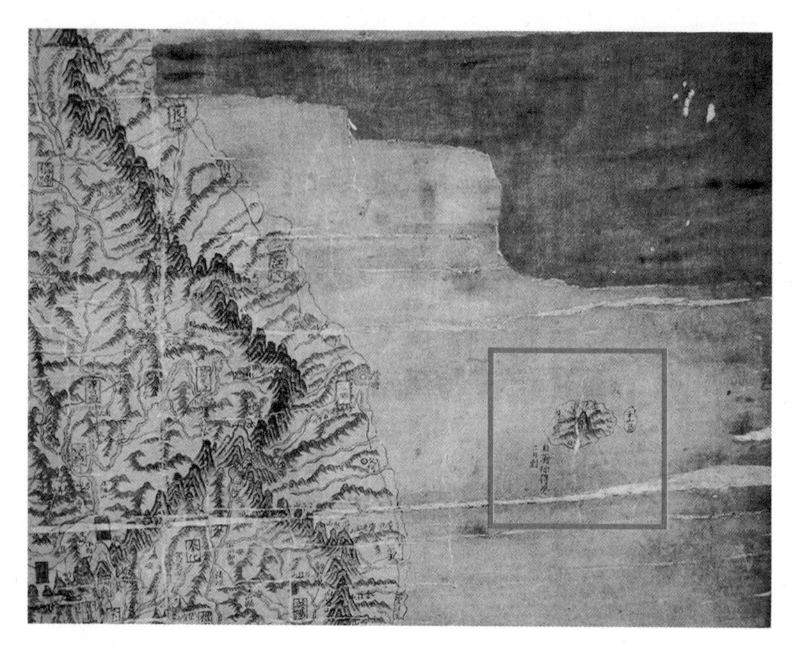

◉ **동국대지도에 표현된 우산도** 18세기에 정상기가 제작한 동국대지도에는 울릉도 오른쪽에 '우산도'가 그려져 있다. 이 무렵부터 한국에서 독도에 대한 인식이 한층 구체화되고, 이것이 지도에 표현됐음을 알 수 있다.

지일 뿐이라고 주장했다.

네 번째 논점은 1906년 3월에 시마네현 시찰단이 울릉도를 방문하여 일본이 1905년 1월 독도를 시마네현에 편입시켰다고 말했을 때 울도군수 심흥택이 중앙 정부에 제출한 보고서에 관한 것이었다. 한국 정부는 이 보고서에 '본 군本郡 소속 독도'라는 문구가 나오는 점을 들어 독도가 한국 영토였다고 주장했다. 일본 정부는 심흥택이 시마네현 시찰단을 환대한 것이 독도를 한국 영토로 생각하지 않은 증거라고 주장했다.

다섯 번째 논점은 일본 정부가 주장하는 독도의 '고유 영토론'과 '무주지 선점론'의 관계였다. 당초 일본 정부는 독도가 무주지無主地였기에 시마네현 고시를 통해 일본 영토로 편입했다고 주장했다. 그런데 제3차 외교 각서부터는 독도가 애초에 일본의 고유 영토였으며 이를 근대법 절차에 따라 영토 편입 절차를 다시 밟은 것이라 말을 바꿨다. 한국 정부는 이 점을 파고들어 '무주지 선점론'과 '고유 영토론'이 모순된다고 지적했다.

여섯 번째 논점은 독도를 일본 행정구역에서 제외한 연합국최고사령관 지령SCAPIN 제677호에 대한 해석이었다. 일본 정부는 이것이 독도의 주권에 관한 최종 결정이 아니었고, 샌프란시스코 평화조약에 의해 독도가 일본 영토로 남게 됐다고 주장했다. 이에 대해 한국 정부는 샌프란시스코 평화조약은 일본 영토에 관해 연합국최고사령관 지령 제677호의 내용을 변경하는 어떤 결정도 하지 않았다고 주장했다.

10년 넘게 계속된 독도 외교 각서 논쟁에서 주로 한국은 역사적 근거, 일본은 국제법적 근거를 강조했다. 한국은 당시 일본과 외교적·학문적 역량에 현격한 격차가 있었음에도 불구하고 선전한 것으로 평가된다. 이는 독도 문제를 일선에서 담당한 외교관들의 사명감과 그를 적극적으로 도운 학자들의 헌신적인 노력의 결과였다.

8

한일회담, 막판에 독도 문제를 덮다

1961~1965년

박정희
김종필
김종락

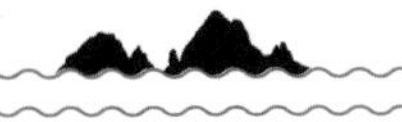

독도 문제를 국제사법재판소ICJ에 맡기자는 제안을 한국이 단호히 거절하고, 12년 동안 공을 들인 '독도 외교 각서 논쟁'도 별다른 성과를 거두지 못하자 일본은 한국과의 국교 정상화 회담에서 독도 문제를 직접 거론하는 정면 돌파 전략을 선택했다. 마침 이승만 정부 시절 시작된 한일회담이 10년 가까이 지지부진하다가 박정희 정부가 들어선 후에 급속도로 진행되고 있던 상황이었다. 그래서 이를 독도 문제에 이용하기로 한 것이었다.

한일회담은 6·25전쟁이 한창이던 1951년 10월 20일 도쿄에서 예비회담이, 1952년 2월 15일 제1차 본회담이 열려 막이 올랐다. 당시 미국은 소련을 중심으로 한 공산주의 진영과의 냉전이 열전熱戰으로 폭발한 상황에서 동북아시아의 두 우방인 한국과 일본이 빨리 국교를 정상화하고 협력 관계가 되기를 바랐다. 하지만 한국과 일본이 모두 적극적인 자세를 보이지 않았기 때문에 한일회담은 결국 장기화의 길로 들어섰다.

한국은 35년이나 이어진 일본 제국주의의 지배에서 벗어난 직후여서 반일의식이 높았다. 더구나 독립운동가 출신인 이승만 대통령은 미국의 재촉에도 "내가 해야 할 일 가운데 일본과의 수교는 열 번째쯤에 해당한다"며 미온적인 태도였다. 일본 역시 아직 패전의 후유증에서 벗어나지 못했던 데다 한국 침략과 지배에 죄의식을 느끼지 않는 인사들이 국정을 이끌고 있었기에 한일회담의 조기 타결에 열의를 보이지 않았다.

계속 중단되는 한일회담

한일회담의 의제는 국교 정상화를 위한 기본 조약, 재산청구권, 재일在日 한국인의 법적 지위, 약탈 문화재의 반환, 어업 문제 등이었다. 독도 문제는 공식 의제에 들어 있지 않았다.

제1차 한일회담은 일본이 제2차 세계대전 패전 후 한국에 남겨진 일본인의 재산에 대해 역逆청구권을 주장함으로써 두 달 만에 결렬됐다. 일본인이 한반도에 두고 간 재산은 통치권을 넘겨받은 미군정이 한국 정부에 이양해서 적산敵産으로 불하됐다.

한 해 뒤인 1953년 4월 15일 제2차 한일회담이 열렸지만 평화선 문제 등에서 양국의 의견이 크게 갈렸고 와중에 6·25전쟁이 휴전하는 상황이 급박하게 전개되어 7월 23일 휴회에 들어갔다.

다시 세 달 만인 1953년 10월 6일 제3차 한일회담이 속개됐다. 하지만 여전히 청구권 및 평화선 문제를 놓고 양측의 대립이 계속되는 가운데 일본 측 수석대표 구보타 간이치로가 "일본의 지배가 한국에 많은 이익을 주었다"고 발언하는 바람에 보름 만에 또 결렬됐다. 그러고 나서 4년 반이 지나 1958년 4월 15일에 이어진 제4차 한일회담 역시 지지부진하게 휴회와 재개를 거듭하다가 한국에서 4·19혁명이 일어나는 바람에 다시 중단됐다.

이후 들어선 장면 정부는 한일회담에 의욕을 보였다. 1960년 10월 25일 속개된 제5차 한일회담은 감정적 대립을 버리고 실질적 진전을 위해 노력했지만 가시적인 성과를 거두기 전에 한국에서 5·16쿠데타가 발발해 중단됐다.

한일회담에 적극적인 박정희 정부

박정희 정부는 이전의 두 정부보다 훨씬 한일회담에 적극적이었다. 쿠데타로 정권을 잡은 이들은 정통성이 약하다는 약점을 메우기 위해 경제개발에 국정의 최우선 순위를 뒀고, 재원을 일본에게서 받는 배상금으로 조달하려고 했다. 베트남전쟁으로 곤욕을 치르던 미국은 한국과 일본의 관계 정상화가 더욱 필요했다. 미국의 압력을 받은 박정희 최고회의 의장과 이케다 하야토 총리는

1961년 11월 22일 회담을 갖고 빠른 시일 안에 국교를 정상화하기로 합의했다.

이보다 조금 앞선 1961년 10월 20일 제6차 한일회담이 재개됐다. 한·일 양국이 이전과 달리 적극적인 자세로 회담에 임한 끝에 꼭 1년 만인 1962년 10월 20일 김종필 중앙정보부장과 오히라 마사요시 외무대신이 한국의 대일청구권을 '무상無償 3억 달러, 유상有償 2억 달러, 상업 차관 1억 달러 이상'으로 합의하면서 국교 정상화는 급물살을 탔다.

박정희 정부가 경제개발을 위해 청구권 자금을 필요로 한다는 사실을 간파한 일본은 한일회담장에 독도 문제를 들고 나왔다. 1962년 3월 12일 최덕신 외무장관과의 회담에서 고사카 젠타로 외무대신은 독도 문제를 국제사법재판소ICJ에 갖고 가자고 제안했다. 1954년 9월 한국에 ICJ행을 제안했다가 거부당한 지 8년 만이었다. 이번에도 최덕신 외무장관은 "독도는 국제법적으로나 역사적으로나 한국의 영토로서 논의의 여지가 없다"고 거절했다. 그럼에도 10월 23일 김종필 중앙정보부장을 만난 자리에서 이케다 총리는 "독도 문제는 한·일 국교 정상화가 타결될 때 반드시 합의돼야 하며, 이는 절대 조건"이라고 강조했다. 또 11월 12일 김종필과의 회담에서 오히라 외무대신은 "양국의 국내 정치 문제로 국교 정상화 교섭에서 독도 문제를 완벽하게 해결하는 것이 어렵다면 국교 정상화 후에 ICJ로 간다는 약속을 해 주기 바란다"고

◉ **김종필과 오히라 회담** 1962년 11월 12일 김종필 중앙정보부장(왼쪽)과 오히라 마사요시 일본 외무대신이 회담을 갖고 있다. 이 자리에서 오히라는 또 한 번 독도 문제를 국제사법재판소(ICJ)에 가져갈 것을 요구했다.

말했다.

독도 문제에 관한 박정희 정부의 기본 입장은 "독도 문제는 한일회담의 의제가 아니고, 국교 정상화 후에 시간을 두고 해결한다"는 것이었다. 박정희 최고회의 의장은 1962년 11월 8일 "일본이 독도 문제를 제기하는 것은 한국민에게 일본의 한국 침략의 경과를 상기시킴으로써 회담의 분위기를 경화硬化시킬 우려가 있음을 지적할 것"이라는 훈령을 협상단에 내렸다.

그런데 김종필은 오히라와의 회담 자리에서 뜻밖의 제안을 했다. 이른바 '제3국 조정안'이었다. 일본 외교 문서는 이와 관련하여 다음과 같이 기록했다.

> 김 부장은 이 건을 국제사법재판소에 제출하는 시기가 비록 2~3년 후라 하더라도 승패가 분명히 가려질 것으로 예상되므로 적당하지 않으며 오히려 제3국(김 부장은 미국을 염두에 둔 모양이었다)의 조정에 맡길 것을 희망한다. 이렇게 함으로써 제3국이 한일관계를 고려하면서 조정 타이밍과 내용을 탄력적으로 처리할 수 있게 될 것이다.

김종필은 왜 한국 정부의 기본 입장과 맞지 않고 박정희의 훈령에도 어긋나는 제3국 조정안을 불쑥 내놓은 것일까? 이에 대해서는 다양한 해석이 존재한다. 이와 관련한 한국 외교 문서는 다음과 같이 기록했다.

> 김 부장의 의도는 국제사법재판소 제소를 위한 일본의 강력한 요구에 대하여 몸을 피하고 사실상 독도 문제를 미해결 상태로 유지하기 위한 작전상의 대안으로 시사한 것으로 생각됨.

한일회담 타결이 절실하게 필요한 상황에서 걸림돌이 될 수도 있는 독도 문제를 일단 피하기 위한 방편으로 제3국 조정안을 던졌다는 것이다. 이는 당시 상황을 가장 잘 알고 있었던 주일 한국대표부 관계자의 해석인 만큼 귀를 기울일 필요가 있다.

실제로 이때부터 1964년 무렵까지 한국과 일본은 제3국 조정안을 놓고 밀고 당기는 실랑이를 계속했다. 김종필이 말한 '조정

mediation'은 승패가 확연하게 갈라지는 '국제 재판international trial'은 물론 법적 강제력이 있는 '중재arbitration'와도 달라서 아무런 강제력이 없는 것이었다. 그런데 일본은 '구속력이 있는 국제법상 협의 조정conciliation'을 타협안으로 한국에 제시했다. 제3국이나 조정기관이 일정 기간 독도 문제를 해결하지 못하면 국제사법재판소로 가자는 것이었다. 물론 한국은 이 같은 제안을 받아들이지 않았다.

협상 막후 김종필, '독도 폭파론'까지

한일회담의 막후 주역으로 국교 정상화에 큰 역할을 한 김종필은 이외에도 독도와 관련해서 여러 일화를 남겼다. 그 가운데 널리 알려진 것이 이른바 '독도 폭파론'이었다.

김종필은 오히라와 회담을 마치고 귀국길에 오른 1962년 11월 13일 일본 하네다 공항 귀빈실에서 기자간담회를 가졌는데, 이때

◉ **김종필** 한일회담의 막후 주역이었던 김종필은 독도에 관련한 여러 일화를 남겼다.

"농담으로는 독도에서 금이 나오는 것도 아니고 갈매기 똥도 없으니 폭파해 버리자고 말한 일이 있다"고 밝혔다. 이 발언은 '한일회담에 장애가 된다면 독도를 폭파해 버리면 그만'이라는 의미로 받아들여져 많은 비판을 받았다. 이에 대해 김종필은 훗날 "하도 일본 지도자들이 독도가 자기네 땅이라고 우기길래 '당신들 손에 넘겨주느니 차라리 폭파해 버리겠다'는 뜻으로 그렇게 말했다"고 해명했다.

독도 폭파론은 김종필이 처음 말한 것은 아니었다. 그보다 두 달 앞서 1962년 9월 3일 열린 정치 회담에서 일본 외무성의 이세키 유지로 아시아국장은 "사실상에 있어서 독도는 무가치한 섬이다. 크기는 히비야 공원 정도인데, 폭파라도 해서 없애 버리면 문제가 없을 것이다"라고 말했다. 김종필이 이세키의 발언을 전해 들었는지는 알 수 없지만 한·일 갈등의 원인인 독도를 폭파시켜 버리자는 터무니없이 단순 과격한 발상이 당시 일각에서 제기됐음을 알 수 있다.

'분쟁 해결 공문'의 동상이몽

1962년부터 1964년까지 한국과 일본은 한일회담에서 독도 문제에 관해 '제3국 조정안'과 '국제사법재판소ICJ 회부'를 놓고 밀고 당기기를 이어 갔다. 앞서 잠깐 언급했듯이 일본은 미국 같은 제3국이나 조정기관이 일정 기간 안에 해결하지 못하면 국제사법재판소로 가자고 주장했고, 한국은 이에 동의하지 않았다. 1961년 국제사법재판소 재판관으로 일본인이 임명돼 한국에게 불리할 뿐 아니라 국제사법재판에 회부되면 한국이 독도에 설치한 각종 시설과 경비 인력을 철수해야 할 수도 있기 때문이었다. 한국은 독도 문제를 미해결 상태로 두고 실효적 지배를 강화하는 쪽으로 방향을 잡았다.

일본의 파상 공세에도 한국의 버티기가 계속되자 일본 내의 분위기는 1964년 들어 강경해졌다. 일본 국회는 "다케시마(독도) 문제에 관해 분명한 해결책이 나오지 않는 한 한일회담을 타결할 수 없다"는 입장이었다. 시이나 에츠사부로 외무대신 역시 "일본은 다케시마 문제의 확실한 전망이 없으면 회담을 종료하지 않겠다"고 밝혔다. 사토 에이사쿠 총리를 비롯한 일본 정부 고위 인사들은 한일회담의 결과로 체결되는 협정에서 어떤 식으로든 독도 문제를 언급하지 않으면 회담의 타결이 어려울 것이라고 거듭 강조했다.

1964년 봄에 한국의 대학생과 야당 세력의 강력한 반대 투쟁으로 중단됐던 제6차 한일회담은 그해 12월 제7차 한일회담으로 속개됐다. 그리고 1965년 2월 기본 조약이 가조인되는 등 협상이 급물살을 탔다. 대일청구권, 재일 한국인의 법적 지위, 약탈 문화재의 반환, 어업 문제 등 한일회담의 주요 의제에 대해 대략적인 합의가 이뤄졌다. 1965년 4월 사토 일본 총리는 이동원 한국 외무부 장관을 만난 자리에서 "한일 간에 남아 있는 현안은 독도 문제뿐이고, 국교 정상화 전에 이 문제도 해결 방향을 정하고 싶다"고 말했다.

1965년 6월 17일 한국 측의 김동조 주일대사와 연하구 외무부 국장, 일본 측의 우시바 노부히코 외무성 심의관과 우시로구 토라오 아시아국장이 자리를 함께했다. 이 자리에서 일본이 내놓은 '분쟁 해결에 관한 의정서'는 "독도 문제를 포함한 양국 간 모든 분쟁은 먼저 외교적으로 해결하고, 안 되면 중재위원회에 맡겨 그 결정에 따른다"는 내용이었다. 한국은 중재 대상이 될 분쟁에 독도를 포함하는 것에 강력하게 반대했다. 그러자 일본은 다음날인 6월 18일 독도라는 문구를 삭제한 '분쟁 해결에 관한 교환공문'을 다시 제시했다. 한국은 같은 날 독도 문제를 제외하고, 법적 구속력을 명시하지 않으며 양국 정부의 합의를 전제로 분쟁을 제3국의 조정에 맡기는 방안을 내놓았다.

일본은 독도라는 단어는 문안에서 뺐지만 사실상 내용에 포함됐다는 입장이었다. 시이나 외무대신은 "일본 측으로서는 독도 문제를 포함하여 모든 문제를 일괄 타결한다는 것은 지상 명령이다"라고 말했다. 이에 대해 이동원 외무부장관은 "박정희 대통령은 독도 문제를 한일회담 의제에 포함시키지 말도록 지시했다. 이 건은 한국 정부의 안정과 운명에 관계되는 중대한 문제인 만큼 만일 한국이 수락할 수 있는 해결책이 없다면 한일회담을 중지해도 좋다는 말까지 나오고 있다"고 응수했다.

6월 21일 밤, 한국은 "양국 간에 일어나는 분쟁은 조정에 의해 해결한다"는 문안을 수정 제의했다. '일어나는'이란 문구는 한·일 간의 갈등이 이미 드러난 독도 문제를 제외하는 것이었고, 해결 방법으로는 강제성이 없는 조정을 제시한 것이었다. 이에 대해 일본은 '일어나는'이란 문구를 삭제하고, 해결 방법은 '조정 또는 중재'로 할 것을 요구했다. 결국 6월 22일 발표된 최종 문안은 한국과 일본이 하나씩 양보하여 "양국 간 분쟁은 우선 외교상의 경로를 통해 해결하기로 하며, 이에 의하여 해결할 수 없는 경우에는 양국 정부가 합의하는 절차에 따라 조정에 의해 해결을 도모하기로 한다"였다.

이런 합의는 타결 시간에 쫓긴 한국과 일본이 외교적으로 절충한 것이었으며 각자 자기에게 유리한 쪽으로 해석할 수 있는 여지를 남겼다. 동상이몽의 가능성은 협정문에 서명한 그 순간부터 현실화됐다. 김동조 주일대사가 당일 외무부에 보낸 긴급 전보는 다음과 같은 내용이었다.

> 이상과 같이 양해 사항을 한 것은 독도란 문구 삭제를 통해 일본이 요구했던 절차상 합의에 대한 시간적 구속, 법적 구속, 결정에 대한 복종 의무 등을 완전히 해소시킨 것임. 따라서 아국我國의 합의가 없는 한

중재 수속은 물론 조정 수속도 밟지 못하게 되는 것이며, 독도 문제의 해결은 실질적으로 아측我側의 합의 없이는 영원히 미해결의 문제로 남게 되는 것임.

반면 시이나 일본 외무대신은 1965년 10월 29일 일본 국회에서 답변을 통해 다음과 같이 말했다.

'분쟁 처리에 관한 교환공문'에 있어 다케시마는 이 분쟁에서 제외됐다고 명기되지 않기에 당연히 양국의 분쟁 대상이 됩니다. 조정에 맡긴다고 말한 이상, 어떠한 조정도 인정하지 않는 것은 조약 위반입니다. 따라서 일한日韓조약이 효력을 발생하면 적당한 기회에 이 문제 해결을 위해 양국 간에 절충을 하고자 합니다.

'독도 밀약' 있었을까

독도 문제는 한일회담의 의제가 아니며 장기적으로 논의해야 한다는 한국 정부와 국제사법재판소에 독도 문제를 회부하자는 일본 정부가 팽팽하게 대립하다가 막판에 왜 갑자기 '분쟁 해결에 관한 교환공문'으로 타결 국면에 이르렀는지에 대해서는 많은 이들이 궁금증을 제기해 왔다. 이른바 '독도 밀약설'은 이 부분을 설명하는 데 실마리를 제공한다.

일본 정치·경제 전문가인 노 대니얼은 『월간중앙』 2007년 4월호에 실린 「한일협정 5개월 전 '독도 밀약' 있었다」라는 글에서 1965년 1월 한국의 정일권 국무총리와 일본의 고노 이치로 자민당 부총재가 "독도 문제는 앞으로 해결해야 한다는 것으로써 일단 해결한 것으로 간주한다. 따라서 한일기본조약에서는 언급하지 않는다"는 밀약을 맺었다고 주장했다. 그는 2011년 같은 내용을 담은 『독도밀약』이라는 책을 출간했다.

노 대니얼에 따르면 한일회담이 독도 문제 등으로 벽에 부딪치자 박정희 대통령은 일본 권력 핵심과 통하는 밀사를 보내기로 했다. 한일회담의 실무를 담당하던 이동원 외무부장관과 김동조 주일대사를 제쳐 놓고 막후 협상의 주역으로 발탁된 사람은 김종필 전 중앙정보부장의 친형인 김종락이었다. 당시 한일은행 전무였던 김종락은 민간인 신분으로 5·16쿠데타를 지원하여 정권 실세들과 가까웠으며 일본에서 자랐고 아내 역시 일본인이었기에 일본 사정에도 밝았다.

한일회담을 격렬하게 반대했던 6·3사태의 여파로 회담이 한동안 중단됐던 1964년 11월 일본에 특파된 김종락은 자민당의 실세 가운데 한 명인 고노 이치로 의원을 만나서 한일회담의 막후 조정에 나설 것을 설득했다. 망설이던 고노는 거듭되는 김종락의 설득에 마침내 제의를 받아들였고, 사토 총리에게 이를 보고하여

◉ **정일권과 고노 이치로** 1965년 한국 정부와 일본 정부가 맺었다는 '독도 밀약'에 서명한 것으로 알려진 정일권 국무총리(왼쪽)와 고노 이치로 일본 자민당 부총재. 하지만 이 밀약설을 입증할 문서는 남아 있지 않다.

승인을 받았다. 김종락은 한일회담의 최대 걸림돌로 부상한 독도 문제에 대해 "앞으로 해결해야 한다는 것으로 일단 해결된 것으로 간주한다"는 아이디어를 냈다.

1965년 1월 12일 일본에서 고노 이치로를 대신하여 날아온 우노 소스케 의원이 서울 성북동에 있는 범양상선 회장 박건석의 집에서 정일권 국무총리를 만나 '독도(다케시마)에 관한 비밀협정'에 서명했다. 그 내용은 "앞으로 해결해야 한다는 것으로 일단 해결된 것으로 간주한다"는 대원칙 아래 '▲독도(다케시마)는 한·일 양국 모두 자국의 영토라고 주장하는 것을 인정하고, 동시에 이에 반론하는 것에 이의를 제기하지 않는다. ▲장래에 어업구역을 설정하는 경우 양국이 독도(다케시마)를 자국 영토로 하는 선을 획정하고, 두 선이 중복되는 부분은 공동수역으로 한다. ▲현재 한국이 점거한 현상을 유지한다. 그러나 경비원을 증강하거나 새로운 시설의 건축이나 증축을 하지 않는다. ▲양국은 이 합의를 계속 지켜나간다'는 4개 항으로 돼 있었다.

한·일 양국이 맺었다는 '독도 밀약'을 입증할 문서는 남아 있지 않다. 정일권과 고노가 서명한 문서를 한국 측에서는 박정희 대통령의 지시로 김종락이 보관했다. 김종락은 1980년 전두환을 중심으로 한 신군부가 집권한 다음 김종필 등을 부패 세력으로 몰아서 숙청할 때 이 문서를 불태웠다고 한다. 일본 측에서 문서를 넘겨받았던 고노 이치로 자민당 부총재는 반년 뒤인 1965년 7월 8일 갑자기 사망했고 문서의 행방은 알 수 없다.

'독도 밀약'과 '분쟁 해결에 관한 교환공문'의 관련 여부도 명확히 밝혀지지 않았다. 한일회담에 참여했던 한국 외교관들은 독도 밀약을 알지 못했다. 회담에 관련된 외교 문서에는 밀약의 존재를 의심할 만한 부분은 없다. 하지만 한일회담을 연구한 최희식 국민대 교수는 "한국과 일본의 최고 지도자들이 독도 영유권 문제에 대해 '애매한 타결' '잠정적 타결'을 추구하여 걸림돌을 제거하려는 정치적 결단이 존재했고, 이러한 정치적 배경 아래 '분쟁 해결에 관한 교환공문' 교섭을 시작했으리라는 분석은 충분한 개연성이 있다"고 분석했다.

9

한동안 잦아든
동해의 파고

1965~2005년

최종덕
김성도
태정관지령
이한기

한국과 일본 정부는 1965년 6월 22일 한일협정에 조인했다. 한국 측 수석 전권대표 이동원 외무부장관과 일본 측 수석 전권대표 시이나 에츠사부로 외무대신은 '한일 기본관계에 관한 조약(한일기본조약)'과 '청구권·경제협력에 관한 협정' '재일교포의 법적 지위와 대우에 관한 협정' '어업에 관한 협정' '문화재·문화협력에 관한 협정' 등 4개의 부속협정에 서명했다. 1951년 10월 첫 번째 예비회담을 가진 뒤 일곱 차례나 중단과 재개를 거듭하면서

◉ **한일협정 조인식** 1965년 6월 22일 도쿄의 일본 총리 관저에서 열린 한일협정 조인식으로 한일관계가 정상화됐다. 일본은 독도 문제를 이 협정에 끌어들이려 했지만 한국은 이를 강하게 거부했다.

14년 가까이 끌어온 난제가 드디어 타결된 것이었다.

한일협정의 5개 문서 가운데 독도 문제와 관련이 있는 것은 '어업에 관한 협정'이었다. 한일어업협정은 한국과 일본의 연안에서 각각 12해리[약 22km] 이내의 수역을 그 나라가 배타적 관할권을 행사하는 '어업전관수역'으로 설정했다. 또 어업자원 보호를 위해 한국 측 어업전관수역의 바깥쪽에 어로 활동을 규제하는 '공동규제수역'을 정한 뒤 단속권은 어선이 속하는 국가가 행사하도록 했다. 제주도와 오키섬은 본토의 연안에 포함돼 어업전관수역이 획정됐고, 울릉도·독도·쓰시마 등은 별도로 어업전관수역이 그려졌다.

역사 속으로 사라진 평화선

1952년 1월 이승만 정부가 한국 어민의 어장 보호와 독도 영유권 확보를 위해 선포한 평화선은 한국과 일본의 어업협정에서 가장 큰 쟁점이 됐다. 한일어업협정의 결과, 한국 측의 어업전관수역과 공동규제수역이 평화선보다 훨씬 안쪽에 그어짐에 따라 평화선은 공식적으로 폐지 선언이 이루어지지는 않았지만 소멸의 길로 들어섰다.

한일회담 초기에 평화선은 일본을 압박하는 카드로 활용됐다.

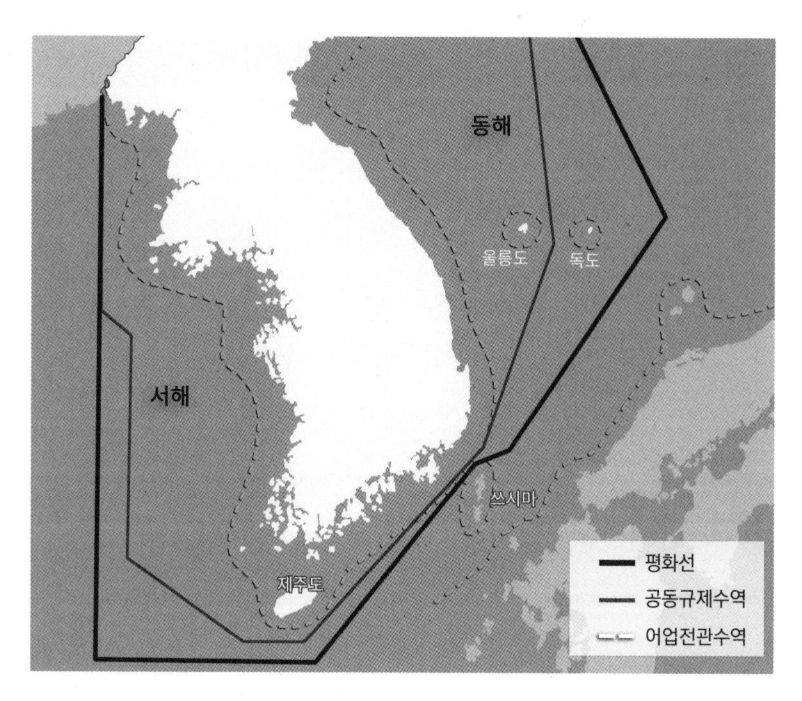

◉ **한일어업협정과 평화선** 1965년 체결된 한일어업협정으로 결정된 어업전관수역과 공동규제수역이 평화선보다 훨씬 안쪽에 그어지면서 평화선은 소멸의 길에 들어섰다.

평화선을 침범했다가 한국 해양경찰에 나포되는 일본 어선이 늘어나면서 일본이 평화선 철폐를 요구했지만 이승만 정부는 겉으로는 "서로 양보하여 사이좋게 해 나가자"고 유연성을 보이는 척하면서도 외교적 해결의 의지를 나타내지 않았다.

이에 비해 4·19혁명으로 들어선 장면 정부는 한일회담에 적극적이었고, 평화선 문제도 어업협정 체결을 통해 해결하겠다는 입장이었다. 5·16쿠데타로 집권한 박정희 정부 역시 마찬가지였다.

1962년 11월 한국의 김종필 중앙정보부장과 일본의 오히라 마사요시 외무대신이 대일청구권 자금 금액에 합의하면서 평화선 문제도 급물살을 탔다. 일본은 이전부터 대일청구권과 평화선을 연계할 것을 요구하고 있었다. 오히라 외무대신은 1963년 2월 "한국 정부가 평화선을 철회하지 않으면 한일회담은 결렬될 것"이라고 말했다. 이케다 총리 역시 1963년 3월 "평화선 문제가 해결되지 않으면 청구권 합의를 철회할 수 있다"고 했다.

한국 국민은 평화선 철폐에 강력하게 반대했다. 역대 한국 정부가 내내 평화선이 국제법에서 말하는 영해가 아니라고 밝혀 왔음에도 한국인 대부분은 여전히 대한민국의 주권이 미치는 영해 또는 준準영해로 인식하고 있었다. 특히 일본 어민에 비해 어선과 어로 장비 등에서 절대적으로 열세에 있던 한국 어민은 전국 각지에서 어민 대회를 열고 평화선을 청구권과 흥정하지 말 것을 정부에 요구했다.

외교 현실과 국민 정서 사이에서 고민하던 한국 정부는 결국 정권을 민정에 이양한 제5대 대통령 선거에서 박정희가 당선된 뒤인 1964년 3월 한일 농림장관 회의를 열고 어업협정의 골격을 논의했다. 이어 한 해 뒤인 1965년 4월 한일어업회의에서 대부분의 내용을 합의했다. 그리고 두 달 뒤 한일어업협정이 타결됐다.

독도를 지키는 방패막이 역할을 하던 평화선이 사라지면서 독도는 동해에 외롭게 떠 있는 모양새가 됐다. 하지만 한국과 일본의 어업구역을 획정한 한일어업협정이 한국의 독도 영유권을 손상시킨 것은 아니었다. 한국 정부가 독도와 주변 영해를 굳건히 지켜 바로 별다른 문제가 일어나지는 않았다. 일본도 한일협정 체결로 어렵게 한국과 국교가 정상화된 만큼 한동안 독도 문제로 한국을 자극하는 행위를 자제했다.

독도 지킴이 최종덕

독도를 둘러싼 한국과 일본의 갈등이 소강상태에 접어들면서 독도를 유인도有人島로 만들려는 움직임이 민간에서 시작됐다. 사람의 거주와 거주 시설의 존재는 국가 간의 영토 분쟁에서 실효적 지배의 절대적인 근거가 된다.

한일협정이 체결되기 직전인 1965년 2월 울릉도 주민 최종덕이 독도로 들어갔다. 당시 독도 주변 어장은 울릉군 도동 어촌계가 관리하며 입찰을 통해 1년 단위로 개인에게 어업 채취권을 주었다. 그해 독도 어업채취권을 받은 최종덕은 4개월 동안 독도에서 생활하면서 고기잡이를 하고 미역·전복·소라 등을 채취했다. 6월 말 울릉도로 돌아온 그는 10월 초 다시 독도에 들어가 이듬해 4월까지 반년을 생활했다. 이후 1987년 갑자기 세상을 떠날 때까지 해마다 10월에 독도에 들어가 그다음 해 4~7월까지 살다

◉ **독도 지킴이 최종덕** 1965년 2월 처음 독도에 들어간 뒤 22년 동안 생활하면서 '독도 제1호 주민'이 된 최종덕. 그 이전에 독도는 사람이 상주하며 생활하는 곳이 아니라 들렀다 가는 곳이었다.

오곤 했다.

최종덕이 독도에 들어간 목적은 처음엔 경제적 이득이었다. 그는 독도 어장의 어업 채취권을 22년이나 도맡아 어선을 구입하고 해녀들을 고용하는 등 각종 어업 활동을 벌였다. 그러는 와중에 일본의 독도 관련 망언 등을 접했고 점차 자신이 독도를 지킨다는 의식을 갖게 됐다. 그는 언론 인터뷰에서 "나는 우리 청년들을 믿습니다. 그들 중 누군가가 내 뒤를 이어 독도에 살면서 독도를 지켜 갈 것으로 믿습니다"라고 말했다.

최종덕이 독도에서 생활한 기간은 총 190개월로 16년에 가까웠다. 그에 앞서 독도에 간 사람들은 울릉도에 살면서 간간이 독도에 들러 어로와 채취 활동을 했을 뿐이었다. 비교적 오래 머물던 해녀들도 한두 달, 길어야 석 달 정도였다.

정기적으로 오랫동안 독도에서 생활하려면 거주 시설이 있어야 했다. 이전에 어로·채취 활동을 위해서 독도에 간 사람들은 서도 북쪽에 있는 동굴 속에서 비바람을 피했다. 동굴 주위에는 식수를 구할 수 있는 샘이 있었다. 최종덕 역시 처음에는 그 물골에 자리 잡고 샘물을 정비해서 살았다. 하지만 물골에는 제대로 된 집을 지을 수 있는 공간이 없었다.

최종덕은 1967년 파도와 바람의 영향을 덜 받는 서도 남쪽의 덕골로 옮겨서 함석과 슬레이트로 집을 지었다. 어선 덕진호를 산 뒤에는 집 앞 바닷가에 선착장을 만들었다. 집 주변에 문어 건조장, 냉동 창고 등 어업 활동과 관련된 시설도 마련했다. 998개의 계단을 쌓아 덕골에서 물골로 가는 길도 냈다.

독도에서 거주하는 첫 번째 사람이 된 최종덕은 1981년 10월 주민등록을 독도로 옮겼다. '경상북도 울릉군 울릉읍 도동 산 67번지'가 그의 주소였다. 독도 주소는 그 뒤에 '도동리 산 67번지'(1987년), '도동리 산 63번지'(1991년)를 거쳐서 '울릉읍 독도리 산 20번지'(2000년), '울릉읍 독도리 20-2번지'(2005년)로 변경됐다. 드디어 '독도'가 행정지명에 등장한 것이다.

독도에 생활 터전이 마련되자 최종덕의 가족이 독도를 드나들기 시작했다. 그 가운데 딸 최경숙은 아버지를 따라 독도에서 상당 기간을 살았다. 최경숙과 결혼한 사위 조준기도 독도에서 생활했다. 조준기는 1986년 7월 8일 독도로 주소를 옮겨 '독도 주민 2호'가 됐다. 1987년에는 최경숙과 아들 조강현이 독도에 주민등록을 했다. 그들은 1993년 강원도로 이주할 때까지 독도에 살았다.

최종덕 일가가 독도를 떠난 뒤에는 그를 돕던 김성도 부부가 '독도 지킴이'를 물려받았다. 1960년대 말부터 최종덕이 산 배의 선원으로서 그가 벌이는 사업의 관리인 역할을 하던 김성도는 제주 해녀 김신열을 만나서 결혼했다. 부부는 최종덕을 도우면서 독도에 살았고, 1991년 독도로 주민등록을 옮겼다. 2007년 독도리 이장이 된 김성도는 2018년 세상을 떠날 때까지 독도를 찾는 방문객에게 독도를 알리는 역할을 했다.

대한제국 칙령 제41호와 태정관지령의 발견

1953년부터 1965년까지 한국과 일본이 일곱 차례나 외교 각서를 주고받으면서 독도 영유권 논쟁을 벌였을 때 두 나라가 제시한 근거 자료는 대부분 근대 이전에 간행된 역사 문서거나 연합국 최고사령관 지령 등 제2차 세계대전 종전 이후에 나온 것이었다. 1905년 일본이 독도를 영토에 강제 편입시킨 '시마네현 고시'와

이 소식을 전해 듣고 대책 마련에 부심한 '심흥택 보고서'처럼 독도 분쟁이 시작되던 근대에 만들어진 자료가 있긴 했지만 이는 절차상 하자가 있거나 국내용이어서 국제법적인 근거가 약했다. 이 같은 자료의 한계가 12년 동안 계속된 독도 영유권 논쟁에서 양쪽이 자기주장만 되풀이하며 팽팽히 대립하고 접점을 찾지 못한 큰 원인이었다.

한일협정 이후에 양국의 독도 영유권 분쟁이 소강상태에 들어간 가운데 한국과 일본의 학자가 이와 관련해 중요한 자료 두 건을 새로 발굴했다. 동북아시아에 근대적인 국제법 질서가 수립되는 19세기 후반부터 20세기 초 사이에 만들어진 이 자료들은 당시까지의 논쟁 구도를 크게 바꾸어 놓았다. 두 나라의 학자와 외교관이 새로 발견된 자료의 해석과 활용을 놓고 고심하는 과정에서 독도 영유권 논쟁은 더욱 심화돼 갔다.

그 하나는 1960년대 후반 한국에서 발굴된 대한제국 칙령 제41호였다. 앞서 살펴본 대로 울릉도 한·일 공동조사단의 보고서와 건의에 의해 제정된 대한제국 칙령 제41호는 1900년 10월 27일자 관보에 게재됐다. 따라서 당시의 대한제국 정부 관리와 서울에 주재하는 외교관은 이를 잘 알고 있었다. 하지만 시간이 흐르면서 대한제국 칙령 제41호의 존재는 이상할 정도로 까맣게 잊혔다. 한국과 일본의 독도 외교 각서 논쟁 때도 이 문서는 엄청난 중요성에도 불구하고 전혀 언급되지 않았다.

대한제국 칙령 제41호를 논문에 처음 이용하여 그 존재를 알린 사람은 국제법 측면에서 독도 연구를 개척한 이한기 서울대 교수였다. 그는 1968년 서울대 법학연구소가 펴낸 『법학』 제10권 제1호에 실린 「국제분쟁과 재판: 독도 문제의 재판부탁성付託性에 관련하여」라는 논문에서 "문헌으로서 미발표의 자료에 다음과 같은 것이 있는데 일본 측은 또 예와 같이 간접증거라고 우길지 모르나 우리는 이것을 중시한다"며 대한제국 칙령 제41호를 소개했다. 그리고 "조문의 제2조에 '죽도·석도'가 보이는데 석도는 바로 독도를 가리키는 것이 아닌가 생각된다. 독도의 독獨은 '독', 즉 '석石'이라고 풀이되는 것이다"라고 했다.

이한기는 이듬해인 1969년에 출간한 『한국의 영토』라는 저서에서 대한제국 칙령 제41호에 대해 좀 더 자세한 국제법적 해석을 더했다. "이는 독도가 한국의 주권 하에 있었다는 유력한 증거"라며 "1900년에 이미 한국은 독도에 대하여 보유하고 있던 원시적 권원權原을 실효적 점유라는 실정實定국제법이 요구하는 근대적 권원으로 대체했던 것"이라고 평가했다.

대한제국 칙령 제41호가 다시 세상에 알려진 경위에 대해서는 다른 설명도 있다. 1947년과 1952년, 1953년에 이루어진 세 차례의 '울릉도·독도 학술조사대'에서 단장이나 부단장을 맡았고 독도 문제에 깊은 관심을 가졌던 언론인 홍종인은 1977년 3월 20일자 주간조선에 실린 「독도를 생각한다」라는 글에 "1966년 이종복

교수가 공개한 광무 4년(1900년) 10월 27일자 관보에 실린 칙령에는 '석도石島'라고 기록돼 있다"고 썼다. 여기에 등장하는 이종복은 서울대 사학과를 졸업하고 당시 한양대 사학과 교수로 재직하고 있었다. 중앙일보사가 1968년 시사월간지 『월간중앙』을 창간할 때 주간을 맡아 언론계로 적을 옮긴 그는 훗날 출판사 심설당을 설립·운영했다.

이한기 교수가 대한제국 칙령 제41호를 논문에서 소개하기 2년 전에 이종복이 이를 '공개'했다는 것은 홍종인의 글에만 나온다. 독도 연구자들도 그에 대해서는 전혀 알지 못한다고 했다. 저자가 이 문제와 관련 있는 인사를 두루 수소문해 보아도 현재로서는 더 이상 밝혀내는 것이 불가능했다.

일본 최고기구 "독도, 우리 땅 아니다"

독도 영유권과 관련해서 새로 알려진 중요한 다른 자료는 앞서 잠깐 살핀 태정관지령이었다. 역사학자인 호리 가즈오 교토대 교수는 1987년 『조선사연구회논문집』 제24호에 실린 「1905년 일본의 다케시마[竹島=獨島] 영토 편입」이라는 논문에서 1877년 일본 최고 국가기구인 태정관이 "울릉도와 독도는 우리나라와 관계가 없다"라고 판정한 사실을 소개했다. 이 자료는 그가 일본 국립공문서관에서 찾아낸 것이었다. 호리 교수는 자기보다 먼저 이 자료를 열람했던 사람들의 명단에서 '가와카미 겐조'라는 이름을 발견했다. 제2차 세계대전 패전 이후 일본 외무성에서 영토 문제를 담당했고, 독도 연구의 1인자로 꼽혔던 인물이었다. 가와카미는 이 중요한 자료를 보고도 외면했던 것이다.

태정관지령은 메이지유신 이후 일본이 영토에 관한 지적地籍을 편찬하는 과정에서 만들어졌다. 당시는 아직 한국과의 독도 분쟁이 발생하기 한참 전이었기 때문에 외교적 고려는 전혀 없이 행정적인 관점에서만 작업이 진행됐다. 그리고 이 같은 사실이 이 자료의 객관성과 역사적 가치를 뒷받침해 준다.

19세기 중반 들어 동해에 영국과 프랑스 등 유럽 국가의 배들이 나타나서 섬과 바다에 관한 정보를 쏟아냈다. 일본인은 자체적으로 전해 오는 지식과 서구의 정보가 뒤섞이는 혼란을 겪었다. 울릉도와 독도에 대한 인식에도 혼선이 빚어졌다. 동해에 있는 섬의 개수에 대해서도 일도설一島說, 이도설二島說, 삼도설三島說이 엇갈렸다.

1876년 가을 일본의 지적을 편찬하던 내무성은 시마네현의 앞바다에 있다는 죽도에 관한 정보를 조회했다. 내무성은 시마네현이 제출한 자료와 자체 조사한 결과를 종합해 '죽도'와 '외일도外一島'가 일본 땅이 아니라는 판단을 내렸다. 하지만 영토 문제는 중요하기 때문에 국가 최고기구인 태정관에 최종 결정을 의뢰했다.

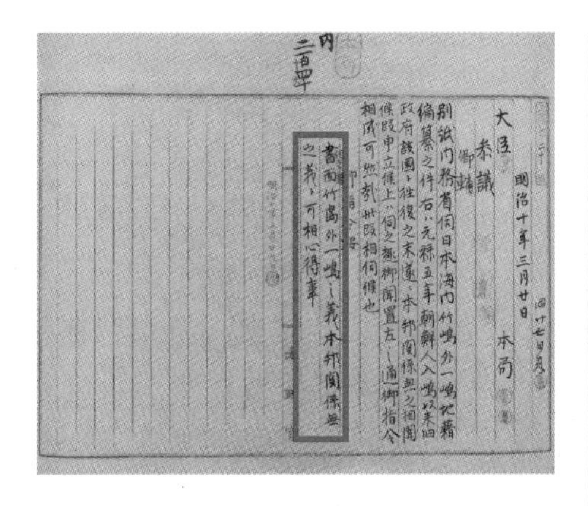

◉ **태정관지령** 일본 국정 최고기관인 태정관이 울릉도와 독도는 일본 땅이 아니라고 판시한 공문서다. 왼쪽 첫 줄에서 두 번째 줄에 "죽도외일도는 본국과 관계 없음을 명심할 것"이라 적혀 있다. 이 문서는 일본국립공문서관에서 소장 중이다.

태정관 심의에서도 내무성의 견해가 타당하다고 인정했다. "죽도외일도竹島外一島에 대해서는 우리나라[本邦]와 관계가 없다는 것을 명심할 것"이라는 태정관지령이 내무성과 시마네현에 하달됐다.

메이지유신 이후 출범한 근대 일본 정부의 최고기구가 울릉도와 독도는 일본 영토가 아니라고 판정했다는 사실은 독도 영유권에 관한 일본 측 주장에 불리했다. 그러자 일본인 학자들은 '외일도'가 이름이 명시돼 있지 않아서 어느 섬인지 판단할 수 없다고 주장했다. '외일도'는 독도가 아니라는 주장도 나왔다.

하지만 이런 주장은 2005년 5월 한 일본인 목사가 울릉도와 독도가 나란히 그려져 있는 '기죽도약도磯竹島略圖'를 발견하면서 무력화됐다. 우연히 독도 문제에 관심을 갖게 된 우르시자키 히데유키 목사는 태정관지령을 직접 보고 싶은 생각이 들어 일본 국립공문서관에 가서 열람 신청을 했다. 그러던 중 태정관지령 문서철에 작은 봉투가 하나 붙어 있는 것을 발견했다. 그 안에는 지도 한 장이 접힌 채 담겨 있었다. 지도를 펼치자 '기죽도약도'라는 명칭이 보였다. 그리고 기죽도(울릉도)와 함께 그 동남쪽에 두 개의 작은 섬이 그려져 있고 '송도松島'라는 이름이 적혀 있었다. '외일도'가 일본이 예전에 마쓰시마[松島]라고 부르던 독도라는 사실이 분명해진 것이었다.

우르시자키 목사는 기죽도약도의 발견을 재일교포 독도 연구자인 박병섭에게 알렸다. 새로 발견된 자료의 중요성을 인식한 박병

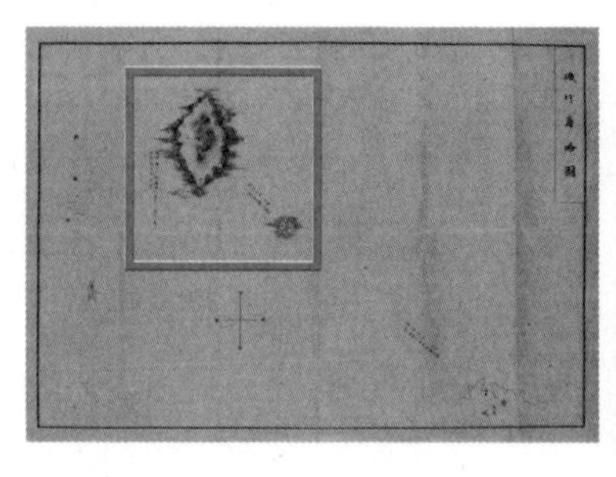

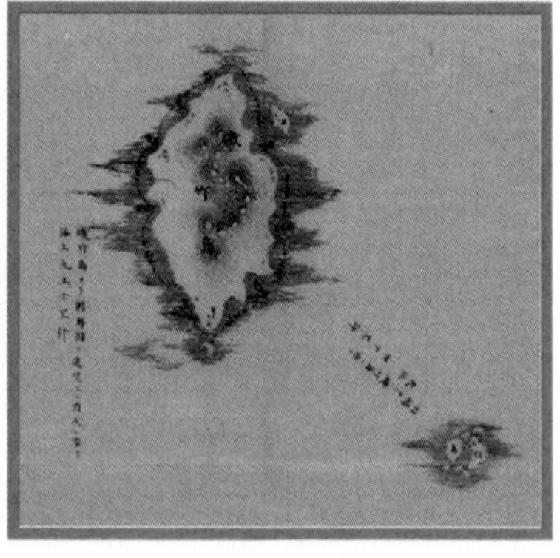

◉ **기죽도약도** 태정관지령의 부속 지도로 울릉도(기죽도) 동남쪽에 독도(송도)를 그렸다. 이로써 태정관지령에 나오는 '외일도'가 독도임이 분명히 밝혀졌다. 한 일본인 목사가 일본 국립공문서관에서 발견했다.

섭은 2006년 6월 자기가 운영하는 '다케시마=독도문제연구네트워크'를 통해 이 자료를 공개했다. 이 자료는 박병섭이 2007년 1월 나이토 세이추 시마네현립대 명예교수와 함께 펴낸 『다케시마=독도 논쟁』이란 책에도 수록됐다.

대한제국 칙령 제41호와 태정관지령이 발굴됨으로써 19세기 후반에서 20세기 초 한국과 일본이 모두 독도를 한국 영토로 생각했다는 사실이 밝혀졌다. 이는 독도가 일본의 고유 영토였으며 1905년 시마네현 고시에 의해 근대적인 국제법 원칙에 따라서 다시 일본 영토로 편입됐다는 일본의 주장에 큰 타격을 안겼다. 이제 독도 영유권에 관한 논쟁은 이 두 자료를 빼고는 진행할 수 없게 됐다.

EEZ 도입으로 불가피해진 한일어업협정 개정

1965년에 체결된 한일어업협정은 한국이 수세적인 입장이었다. 당시 한국과 일본의 어업 기술력과 어업 규모가 워낙 격차가 컸기 때문이다. 한일어업협상에서 한국의 목표는 일본 어선의 한국 수역 진출을 최대한 막는 것이었다. 한국 쪽에만 어업전관수역 밖에 공동규제수역을 설치한 것은 그 때문이었다.

그런데 1970년대 이후 한국 어업이 발전하자 상황이 역전됐다.

◉ **대화퇴 어장** 동해의 황금 어장인 대화퇴에서 조업 중인 각국 어선들. 한류와 난류가 만나고 동해에서 드물게 수심이 얕은 대화퇴 어장은 1998년 체결된 신한일어업협정에서 설정된 '한·일 중간수역'에 걸쳐 있다.

한국 어선은 한국 연해·근해에서 벗어나 동해의 황금 어장인 대화퇴大和堆 어장은 물론 일본 홋카이도 해역까지 진출했다. 일본 수역에서 조업하는 한국 어선이 많아지면서 양국 간 어업 마찰이 늘어났다. 일본 어민들은 한일어업협정을 개정해 달라고 목소리를 높였다. 하지만 한국으로서는 굳이 한일어업협정을 개정할 필요성을 느끼지 못했다. 이때는 일단 마찰이 많이 발생하는 수역에 대해서만 1980년부터 조업 자율 규제를 실시하는 것으로 합의해서 넘어갔다.

그러나 1994년 11월 유엔해양법협약이 발효되자 사정이 달라졌다. 이에 따라 이미 설정되어 있던 연안으로부터 12해리[약 22km]인 영해와 별도로 200해리[370.4km]의 배타적경제수역 EEZ 제도가 도입되었다. 이제 한일어업협정의 개정이 불가피해진 것이다.

배타적경제수역은 그 안에 있는 자원에 대해 주권적 권리를 행사할 수 있고, 인공 구조물 설치는 물론 과학적 조사가 가능하며 환경보호권 역시 주어지는 구역이다. 한국과 일본 사이의 바다는 400해리가 되지 않는 곳이 많아서 배타적경제수역 경계를 양국이 협의해서 정해야 했다. 1996년 1월과 6월에 각각 유엔해양법협약을 비준한 한국과 일본은 한일어업협정의 개정 협상에 들어갔다.

한국 정부는 일본과 어업 협상을 다시 시작하면서 우리 어업의 피해를 최소화하고, 독도 영유권에 영향을 주지 않는다는 기본 방침을 설정했다. 특히 전 국민의 관심이 집중돼 있는 독도 영유권이 손상을 입지 않도록 유의했다. 한국은 영토 문제와 관련된 배타적경제수역 경계 획정을 어업협정과 함께 진행한다는 입장이었다. 반면 일본은 시급한 현안인 어업협정을 시간이 오래 걸리고 타결 전망이 불투명한 배타적경제수역 문제와 분리해서 먼저 처리하자는 입장이었다.

중간수역? 잠정수역?

1996년 6월 제주도에서 만난 한국의 김영삼 대통령과 일본의 하시모토 류타로 총리는 배타적경제수역 문제와 어업협정을 별개로 해결하는 데 합의했다. 이후 실무 협상에서 한국 대표단은 양자의 병행 협상을 주장했지만 결국 1997년 8월 양국 정상의 합의에 따르기로 했다. 이 회담에서 한국은 한·일 간 어업구역 경계선으로 울릉도와 오키섬의 중간선을 제시했다. 하지만 일본은 그럴 경우 독도가 한국 쪽 수역에 들어가기 때문에 받아들일 수 없다고 했다.

어업협정을 배타적경제수역 문제와 분리하기로 했음에도 독도 문제로 난관에 부딪히자 '중간수역' 방안이 부상했다. 독도는 12해리의 영해만 갖고 그 주변 수역은 양국이 공동으로 이용한다는 내용이었다. 이는 1965년 체결된 한일어업협정에 들어 있는 '공동규제수역' 관리 방안을 활용한 것이었다.

이후 협상을 통해 어느 정도 타협안이 마련됐다. 그런데 1998년 1월 일본이 일방적으로 기존 한일어업협정의 종료를 통보해 왔다. 당시 한국은 외환위기로 인해 고통을 겪고 있었다. 한국에서는 이웃 나라의 어려움을 배려하지 않는 일본에 대한 비난의 목소리가 높아졌다. 한국과 일본은 1년간의 협정 종료 유예기간에 다시 협상을 벌여서 1998년 11월 신한일어업협정에 서명했고, 협정은 1999년 1월부터 발효됐다.

한·일 중간수역에 들어 있는 독도의 12해리 영해는 한국이 독도를 실효적으로 지배하고 있는 현실을 일본이 받아들인 것이 됐다. 하지만 일본은 어업협정의 타결을 위해 '현상 유지'를 수용하면서도 이를 한국의 독도 영유권 인정과는 분리하려고 했다. 일본의 이런 입장은 독도 주변 바다를 '중간수역'이 아니라 '잠정수역'이라는 별도의 명칭을 사용하는 데서도 드러난다.

독도 주변 바다를 중간수역으로 설정한 신한일어업협정은 한국에서 일부 여론의 거센 비판을 받았다. 신한일어업협정의 제15조는 "이 협정의 어떠한 규정도 어업에 관한 사항 외의 국제법상 문제에 관한 각 체약국締約國의 입장을 해하는 것으로 간주돼서는 아니 된다"고 규정했다. 하지만 이 협정이 어업에만 한정되는지 아니면 독도 영유권에도 영향을 미치는지에 관해서 견해가 첨예하게 대립했다.

한국 정부와 전문가 상당수는 신한일어업협정이 배타적경제수역 경계 획정을 앞두고 맺은 어업만을 위한 잠정 조치로 독도 문제와는 관련이 없다고 주장했다. 또 독도가 중간수역에 들어 있는 것이 아니라 독도와 그 영해를 제외한 바다가 중간수역이라고 했다. 반면 국제법상 어업권은 영유권에서 파생된 것으로 양자를 분리할 수 없다고 주장하는 전문가들도 여럿 있었다. 이들은 잠정수역 안에 영토 분쟁이 있는 섬이나 땅이 들어 있는 것은 상대국에 일정한 권리를 부여하는 것이나 마찬가지라고도 했다.

헌법재판소는 2001년 3월 신한일어업협정에 관한 헌법소원에 대해서 "독도가 중간수역에 들어 있다고 해도 독도의 영유권 문제나 영해 문제와는 관련이 없다"고 결정했다. 어업협정은 배타적경제수역 경계 획정이나 영토 문제와 무관하다는 것이었다. 2009년 2월 헌법재판소는 비슷한 헌법소원에 대해서도 같은 취지의 결정을 내렸다. 하지만 헌법재판소의 거듭된 결정에도 불구하고 신한일어업협정의 중간수역이 한국의 독도 영유권을 훼손했다는 비판은 계속되고 있다.

배타적경제수역 경계 획정의 실패

한국과 일본은 어업협정과 배타적경제수역 경계 획정을 분리하기로 한 합의에 따라 배타적경제수역 경계 획정을 위한 회담을 별도로 열었다. 유엔해양법협약 제74조는 "서로 마주 보고 있거나 인접한 연안을 가진 국가 간의 배타적경제수역 경계 획정은 공평한 해결에 이르기 위하여 국제법을 기초로 한 합의에 의한다"고 규정했다. 하지만 '공평한 해결'은 쉽지 않았다. 중간수역 설정을 통해서 독도 문제를 피해 간 어업협정과 달리 배타적경제수역 경계 획정은 한국과 일본의 어느 한쪽이 독도 영유권을 포기하지 않는 한 타결이 불가능했다.

한국이 처음 제시한 배타적경제수역 경계는 한국 울릉도와 일본 오키섬의 중간선이었다. 독도를 배타적경제수역을 갖지 못하는 암석으로 해석한 데 따른 것이었다. 유엔해양법협약은 "인간이 거주할 수 없거나 독자적인 경제 활동을 유지할 수 없는 암석은 배타적경제수역을 가지지 아니한다"라고 명시해 놓았다. 또한 울릉도와 오키섬의 중간선으로 배타적경제수역 경계를 획정해도 독도가 한국 쪽 배타적경제수역에 속한다는 사실 역시 한국 측 제안의 배경이 됐다. 반면 일본은 한국 울릉도와 독도의 중간선을 제시했다. 독도가 일본 영토이며 배타적경제수역을 가질 수 있는 섬으로 본 것이다. 하지만 독도가 일본 영토라는 주장을 한국이 받아들일 리 없었다.

한국은 2006년 6월 열린 제5차 회담에서 독도와 오키섬의 중간선을 배타적경제수역 경계로 새롭게 제시했다. 독도에 사람이 살고 있다는 사실을 들어서 배타적경제수역을 가질 수 있다고 입장을 바꾼 것이었다. 국내에서 울릉도와 오키섬의 중간선 제시가 독도 영유권을 포기한 것이라는 비판이 흘러나오는 데 따른 변화였다. 이로써 한국과 일본은 독도가 배타적경제수역을 갖는 섬이라는 데는 의견의 일치를 보았다. 하지만 한국이 '독도 기점'을 주장하자 일본은 제주도 남쪽에 있는 침대 크기의 작은 암석인 도리시마[鳥島]를 일본 배타적경제수역의 기점으로 삼겠다며 맞불을

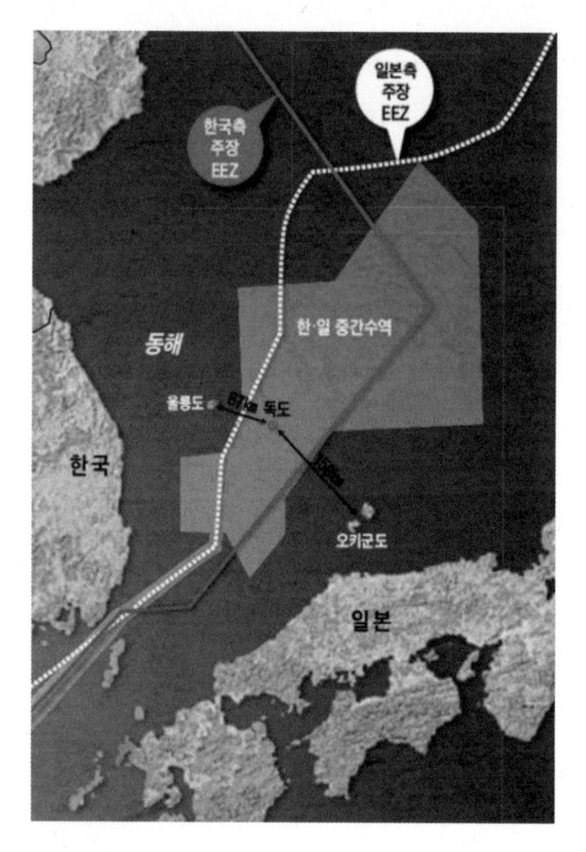

◉ **중간수역과 배타적경제수역** 신한일어업협정에 의해 설정된 한·일 중간수역과 한국과 일본이 각각 주장하는 배타적경제수역(EEZ). 신한일어업협정 체결 후 양국은 배타적경제수역 확정을 위해 여러 차례 회담을 가졌지만 합의에 실패했다.

놓았다.

이어지는 회담에서 한·일 양국의 주장은 변함이 없었고, 변화의 가능성도 없었다. 두 나라는 2010년 6월 제11차 회담을 끝으로 배타적경제수역 경계 획정을 위한 회담을 더 이상 이어가지 못하고 있다. 결국 독도 영유권이라는 장애물을 넘지 못한 것이다. 독도 문제가 한국과 일본 사이에 얼마나 중요한지를 다시 한 번 보여 준 사례였다.

10

다시 거세지는 일본의 도발

2005년~현재

 # 다케시마의 날

 # 시모조 마사오

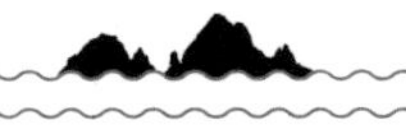

1965년 한일협정 체결 이후 일본은 한동안 독도와 관련한 도발을 자제했다. 제2차 세계대전에서 패전하고 한국에서 쫓겨난 뒤 20년 만에 미국의 종용에 따라 우여곡절 끝에 한국과 국교를 재개한 상황에 찬물을 끼얹을 수는 없었기 때문이다. 그렇다고 일본이 독도가 일본 영토라는 주장을 포기한 것은 아니었다.

'다케시마의 날' 제정

일본이 보는 국제 정세와 외교 지침을 담아 발행한 『외교청서靑書』 1971년 판에는 "한국의 다케시마 불법 점거에 대해 항의했다"는 문장이 들어갔다. 그 이전에 간행된 『외교청서』에는 "다케시마 문제를 국제사법재판소에 회부할 것을 제의했으나 한국 측이 거부했다" "양국 간 분쟁(다케시마 포함)은 별도의 합의가 없는 한 먼저 외교상의 경로를 통해 해결하고 이것에 의해 해결할 수 없는 경우는 조정에 의해 해결한다"는 문장이 있었지만 '불법 점거'라는 문구는 처음이었다. 이후 일본『외교청서』는 계속 '한국의 독도 불법 점거'를 강조했다. 그러다가 1990년 판부터 "다케시마는 법적으로도 역사적으로도 일본의 고유 영토"라고 문구를 바꾸어 오늘에 이른다. 아베 정부가 들어선 뒤에는 '한국의 불법 점거'라는 문구를 다시 넣어 독도에 대한 일본의 영유권을 이중으로 강조했다.

일본의 안보 전략을 담은『방위백서』도 1978년 판에 '북방 영토 및 다케시마 문제'라는 문구가 처음 등장했다. 그후 20년 동안 독도에 관한 기술이 없다가 1997년 판부터 다시 '북방 영토와 다케시마 등의 여러 문제'라는 문구가 매년 들어갔다. 그리고 2005년 판에는 '우리나라 고유 영토인 북방 영토와 다케시마의 영토 문제'라고 해서 독도가 일본의 고유 영토라는 문구가 추가됐다.

2005년 판『방위백서』의 이 같은 변화는 이해에 일본 시마네현이 '다케시마의 날'을 제정하는 등 독도 영유권에 관한 일본의 도발이 강화된 것과 흐름을 같이한다. 시마네현 의회는 2005년 3월 매년 2월 22일을 '다케시마의 날'로 정하는 조례안을 통과시켰다. 이는 정확히 100년 전인 1905년 2월 22일 일본이 독도를 시마네현에 강제 편입한 사실을 기념하는 것이었다. 조례 제1조에는 "현민縣民, 시정촌市町村 및 현縣이 일체가 돼 다케시마의 영토권 조기 확립을 목표로 하는 운동을 추진, 다케시마 문제에 대한 국민 여론을 계발하기 위해 '다케시마의 날'을 정한다"고 밝혔다.

이 취지에서 알 수 있듯이 다케시마의 날 제정은 러시아와 영토 분쟁 중인 북방 영토(쿠릴 열도의 남쪽 4개 섬)와 달리 독도에 대한 일본 국민의 관심이 높지 않다는 인식에서 시작됐다.

◉ **'다케시마의 날' 행사** 일본 시마네현이 2006년부터 매년 2월 22일 개최하고 있는 '다케시마의 날' 기념식은 일본 각지에서 정치인과 우익 인사들이 모여들어 전국적인 행사로 치러진다.

1981년 일본 정부는 매년 2월 7일을 '북방 영토의 날'로 지정했다. 그러자 1980년대 후반부터 일본 의회에서는 독도 문제에 관한 전 국민적 관심을 촉구하기 위해 다케시마의 날도 제정해야 한다는 주장이 대두했다. 여기에 일본 정부도 긍정적인 반응을 보이는 가운데 독도 강제 편입 100주년을 앞두고 상징적인 기념일을 만들어야 한다는 움직임이 급물살을 탄 것이다.

매년 2월 22일 시마네현민회관에서 열리는 '다케시마의 날' 행사는 단순한 지역행사가 아니다. 도쿄에서 '일본의 영토를 지키기 위해 행동하는 의원 연맹(영토의련)' 소속의 국회의원이 내려오고, 전국 각지에서 우익 인사가 모여든다. 일본 정부도 2013년부터 매년 외무성 차관급 정무관을 참석시키는 등 사실상 국가적인 행사로 치러지고 있다.

2012년 4월에는 일본 국회 옆에 있는 헌정기념관에서 '다케시마·북방 영토 반환요구 운동 시마네현민회의'가 열렸다. 도쿄 한복판에서 대규모 집회를 개최해 독도 문제를 일본 전역에 널리 알리겠다는 취지를 내건 이 행사는 연례행사로 자리 잡았다. 이런 분위기에 고무돼 일본 의회에서는 '다케시마의 날'을 '북방 영토의 날'처럼 전국적인 기념일로 승격시켜야 한다는 주장이 계속 나오고 있다.

다케시마문제연구회의 활동

'다케시마의 날 조례' 제3조는 "현縣은 '다케시마의 날'의 취지에 어울리는 대책을 추진하기 위해 필요한 시책을 강구하기 위해 노력한다"고 했다. 이 규정에 따라 만들어진 대표적인 조직이 다케시마문제연구회다. 실질적으로 시마네현이 운영하는 이 조직은 독도 연구뿐 아니라 보고서 작성과 언론 활동 등을 통해 일본의 독도 정책에 영향을 미치고 있다.

다케시마문제연구회는 '다케시마의 날'이 제정된 직후인 2005년 6월 출범했다. 한국에서 10년 넘게 일본어 강사 등으로 활동했던 우익 인사 시모조 마사오를 좌장으로 하는 교수·교사·공무원 등의 10명으로 1기가 구성됐다. 이들은 연구발표회를 통해 독도 문제에 관한 주요 논점을 정리한 보고서를 작성하고 2007년 3월 활동을 종료했다.

다케시마문제연구회의 해산을 앞둔 시점에서 그 활동 성과와 관련 자료를 보관하는 상설 조직의 필요성이 제기됐다. 이에 따라 2007년 7월 시마네현 인터넷 홈페이지를 이용하는 'Web 다케시마문제연구소'가 개설됐다. 'Web 다케시마문제연구소'는 독도 문제에 관한 시마네현의 주장을 전파하는 역할을 담당하고 있다.

다케시마문제연구회의 활동이 성과가 있었다고 판단한 시마네현은 2009년 10월 제2기 다케시마문제연구회를 조직했다. 좌장은 역시 시모조 마사오가 맡았고, 1기 때의 위원 10명 가운데 8명이 다시 참가했다. 새로 가담한 7명 중 3명은 초·중등학교 선생으로, 전체 15명 중 7명이 교사였다. 이들은 학생 교육과 교과서 문제에 중점을 두고 2012년 3월까지 활동했다.

2012년 10월에는 제3기 다케시마문제연구회가 활동을 개시했다. 활동의 핵심인 시모조 마사오 외에 국제법 전문가인 쓰카모토 다카시를 비롯해 인력이 보강됐다. 이들은 2014년 2월 독도 문제에 관한 일본 측 입장을 총 정리한 『다케시마 문제 100문 100답』을 간행하는 등 2015년 6월까지 활동했다. 이어 2017년 6월부터 2020년 3월까지 제4기 다케시마문제연구회가 활동했다.

다케시마문제연구회는 제2기부터 자라나는 다음 세대에 독도

◉ **오키섬의 독도 선전 입간판** 일본 영토 가운데 독도에서 가장 가까운 오키섬에 독도 관련 선전 입간판이 서 있다. '다케시마(죽도)는 지금도 옛날에도 오키의 섬'이라고 적혀 있다.

가 일본 영토라고 가르치는 데 힘을 기울이기 시작했다. 제2기 연구회는 지리·공민·세계사 과목에 대한 학습지도안을 작성했고, 제3기 연구회는 일본사 학습지도안을 만들었다. 이들이 제시하는 학습지도안은 시마네현의 독도 관련 교육에 활용될 뿐 아니라 일본 내 다른 지역의 독도 관련 교육에도 상당한 영향을 미치고 있다.

독도 문제는 일본의 교과서에 실리면서 그 심각성이 점점 더해지고 있다. 일본 교과서에 독도 영유권 주장이 처음 들어가서 논란을 일으킨 것은 2002년 검정을 통과한 메이세이샤의 고등학교 일본사 교과서였다. 이 교과서는 "시마네현의 독도는 한국에 의해 불법 점거되고 있다"고 썼다. 이어 다케시마의 날이 제정되던 2005년에 중학교 공민 교과서 가운데 후소샤와 도쿄서적 검정본이 독도를 일본의 고유 영토로 기술했다.

2008년부터는 일본 정부가 교과서의 독도 관련 기술에 개입하기 시작했다. 이해 개정된 '중학교 학습지도 요령 해설'은 "우리나라와 한국 사이에 다케시마에 대한 주장에 차이가 있다는 점에 대해서도 취급하고 북방 영토와 동일하게 우리나라의 영토·영역에 대한 이해를 심화시키는 것이 필요하다"고 했다. 이어 2009년 개정된 '고등학교 학습지도 요령 해설'은 "중학교에서의 학습을 토대로 영토 문제에 대한 이해를 심화시키는 것이 필요하다"고 했다.

2014년 개정된 중학교·고등학교 '학습지도 요령 해설'에는 독도 문제에 대해 더욱 강경한 입장이 담겼다. 예를 들면 "다케시마는 우리나라의 고유 영토이나 한국에 의해 불법 점거되고 있고, 한국에 여러 차례에 걸쳐 항의하고 있다는 사실에 대해 정확하게 다룰 것" "우리나라가 국제법상 정당한 근거에 기반하여 다케시마를 정식으로 영토에 편입한 경위도 언급할 것" 등의 대목에서 달라진 분위기가 느껴진다. 이 같은 '학습지도 요령 해설'에 의해 검정받은 2016년 이후 일본 교과서들은 독도와 관련된 기술이 늘어났고 서술 내용도 악화됐다.

독도 영유권 주장과 관련한 일본의 이런 움직임은 독도 문제가 하루 이틀에 끝날 사안이 아니라고 보고 장기전 태세에 들어간 것을 의미한다. 우리도 일본의 독도 도발에 사안별로 대응하는 것과 함께 긴 호흡으로 차분하게 장기적인 대응책을 마련해야 할 때이다.

후기 後記

이 책은 2019년 가을 『주간조선』 지면상에서 저자와 이영훈 전 서울대 교수 사이에 벌어졌던 '반일 종족주의 논쟁'을 계기로 쓰였다. 그해 7월 이 교수가 후배들과 함께 펴낸 『반일 종족주의』는 발간되자마자 뜨거운 논란이 됐다. 저자는 한국 사회의 중요한 문제들을 외국, 특히 일본에 대한 거친 적대감으로 덮는 '종족적 민족주의'에 경종을 울리려는 문제의식에는 상당 부분 공감했다. 하지만 '종족적 민족주의'와 마찬가지로 거친 『반일 종족주의』의 반대 논법에 우려를 갖고 있었다. 결국 논란이 정치적 의도에 휘말려 엉뚱한 방향으로 전개될 조짐을 보고 이를 바로잡기 위해 합리적이고 학문적인 고언苦言을 던지는 역할을 자임했다.

***

『주간조선』의 '반일 종족주의 논쟁'은 독도 영유권, 식민지 근대화론, 일본군 위안부, 강제 징용의 네 가지 주제를 놓고 열한 차례 전개됐다. 책 『반일 종족주의』에서도 핵심적이고 관심이 집중된 주제들이었다. 논쟁에는 저자와 이영훈 교수, 김낙년 동국대 교수, 홍성근 동북아역사재단 연구위원이 참여했다.

이 논쟁에서 양적으로 가장 많이 다뤄진 주제는 전체 분량의 절반가량을 차지한 독도 영유권이었다. 다른 주제들이 이론적(식민지근대화론)이거나 쟁점이 비교적 단순하고 선명한(일본군 위안부, 강제 징용) 것과 달리 독도 문제는 오랜 역사를 배경으로 하는 데다가 쟁점도 많기 때문이었다. 더구나 영토 분쟁, 그것도 식민지 침탈과 관련된 영토 문제라는 민감성이 논쟁을 더욱 뜨겁게 달구었다.

논쟁을 위해 독도 문제와 관련된 저서와 연구 논문을 읽어 가면서 당면한 논쟁과는 별도로 한국과 일본 사이에 독도 분쟁이 제기된 이후의 역사를 새로운 관점에서 써 보고 싶다는 생각이 들었다. 그동안 이에 대한 학계의 연구가 양적으로나 질적으로 커다란 발전이 있었는데도 그 성과가 일반인에게 충분히 전달되지 못하고 있는 것으로 보였기 때문이다. 독도 문제에 대한 우리 사회의 이해는 1950년대 일본이 외교 각서 논쟁을 걸어온 이래 한국에 던진 쟁점들을 둘러싸고 동어 반복적으로 되풀이되고 있는 느낌이다. 이런 상황을 벗어나기 위해서는 무엇보다 20세기에 들어서면서 독도 영유권 문제가 갑자기 불거지고 이후 동북아 국제 정세의 전개에 크게 영향을 받으면서 우여곡절을 거듭했던 과정에 대한 지정학적 이해가 필요함을 절감했다. 또한 한 세기 넘게 계속되고 있는 독도 문제의 파도를 만들고 변형시켜 온 한국·일본·미국 등의 주역들에게도 흥미를 느꼈다.

독도 문제를 둘러싼 몇 가지 쟁점에 대해 결론 없는 공방으로 그치고 만 『주간조선』에서의 논쟁이 끝난 뒤 본격적인 저술 준비에 들어갔다. 그리고 그 결과물을 2020년 5월 초부터 조선닷컴 www.chosun.com에 매주 일요일 '이선민의 독도이야기'라는 주간 연재물로 실었다. 광복 후 되찾은 독도 수호의 첫 걸음이었던 1947년 8월 '울릉도·독도 학술조사대'로 시작된 연재는 일본이 독도를 강제 침탈한 지 100주년을 맞아 2005년 제정한 '다케시마의 날'까지 15회 계속됐다. 연재가 이어지면서 독자들의 반응이 예상외로 뜨거운 것을 보고 독도 문제에 대한 국민적 관심을 다시 한번 확인할 수 있었다.

조선닷컴 연재가 끝나고 이를 책으로 묶으면서 광복 이전 시기의 내용을 보완할 필요성을 느꼈다. 한·일 간에 독도를 둘러싼 갈등이 본격적으로 전개된 것은 광복 이후지만 그 씨앗이 뿌려지고 구도가 결정된 것은 1900~1910년이었기 때문이다. 이 부분을 추가하고 구성을 단행본에 알맞도록 정리해서 총 10장으로 본문을 재편했다. 또 독도 문제의 전사前史에 해당하는 역사적 사실 가운데 중요하고 본문의 이해에 도움이 되는 내용을 간략히 추려서 '들어가며'로 앞에 붙였다.

처음 저술을 구상할 때는 애국심이나 영토 분쟁 차원을 넘어서 국제 정치적이고 역사적인 맥락에서 독도 문제를 조망하는 책을 쓰고 싶었는데 용두사미가 된 것은 아닌지 걱정이 된다. 하지만 딱딱한 쟁점 중심의 독도 문제 이해에서 벗어나 지난 120년 동안 독도 문제가 전개돼 온 극적인 과정을 스토리텔링 방식으로 설명하는 것 자체에 의미가 있다고 생각한다.

올해 '독도의 날'(10월 25일)은 대한제국이 독도를 울도군에 소속시킨 '칙령 제41호'를 공포한 지 120주년이 되는 날이다. 한국의 독도 영유사에서 결정적인 의미를 지니는 날에 즈음해 이 책을 내게 돼 더욱 뜻깊게 생각한다.

***

독도 연구자가 아닌 저자가 이 책을 내는 데는 당연히 수많은 연구자들이 땀과 시간을 들여서 이룩한 소중한 연구 성과들이 바탕이 됐다. 그분들에게 감사드리며 학술 서적이 아니기 때문에 일일이 주석을 붙이지 않고 뒷부분에 참고 문헌으로 묶은 데 양해를 구한다. 그 가운데서도 꼭 언급해야 할 분은 홍성근 동북아역사재단 연구위원이다. 홍 박사는 『주간조선』의 '반일 종족주의 논쟁'이 인연이 되어 자료 제공, 일부 원고의 사전 검토 등 번거로운 일을 맡아 주었다.

조선닷컴에 연재한 '이선민의 독도이야기'는 저자가 32년 3개월의 기자 생활을 마감하는 마지막 작품이 됐다. 연재를 격려해 준 조선일보의 홍준호 발행인과 박두식 편집국장, 그리고 실무를 도와 준 전현석 기자에게 감사드린다. 저술의 의의를 인정하고 출간을 지원해 준 방일영문화재단, 출판을 맡아 준 사회평론의 윤철호 대표와 김희연 편집자에게도 고마운 마음을 전한다.

2020년 9월 30일

이선민

참고 문헌

1. 단행본

가와카미 겐조(川上健三), 『竹島의 역사지리학적 연구』, 1966년(백산자료원에서 『일본의 독도논리: 竹島의 역사지리학적 연구』로 번역 출간)
경상북도, 『독도주민생활사』, 2010년
경상북도독도사료연구회 편, 『「竹島問題100問100答」에 대한 비판』, 2014년, 경상북도
김동조, 『회상 30년 한일회담』, 1986년, 중앙일보사
김용식, 『새벽의 약속』, 1993년, 김영사
김학준, 『독도연구』, 2010년, 동북아역사재단
노 대니얼, 『독도밀약』, 2011년, 한울아카데미
동북아역사재단, 『한·일 역사 속의 우리 땅 독도』, 2017년, 도서출판 혜안
동북아역사재단 독도연구소, 『독도관련 한일왕복외교문서 분석 학술회의 자료집』, 2016년
박병섭, 『안용복 사건에 대한 검증』, 2007년, 한국해양수산개발원
박병섭, 『한말 울릉도·독도 어업』, 2009년, 한국해양수산개발원
박병섭 · 나이토 세이추, 『독도=다케시마 논쟁』, 2008년, 보고사
송병기, 『울릉도와 독도, 그 역사적 검증』, 2012년, 역사공간
신용하, 『독도 영유권에 대한 일본 주장 비판』, 2011년, 서울대학교출판문화원

신용하, 『독도 영유의 진실 이해: 16포인트와 150문답』, 2012년, 서울대학교출판문화원
예영준, 『독도실록 1905』, 2012년, 책밭
외무부 정무국 편, 『독도문제개론』, 1955년
유석재, 『독도공부』, 2019년, 교유서가
유미림, 『대한제국 칙령 제41호와 '석도=독도'설 연구현황』, 한국해양수산개발원
이한기, 『한국의 영토: 영토 취득에 관한 국제법적 연구』, 1969년, 서울대학교 출판부
정병준, 『독도 1947』, 2010년, 돌베개
정재민, 『국제법과 함께 읽는 독도현대사』, 2013년, 대한민국역시박물관
지철근, 『평화선』, 1979년, 범우사
홍정원, 『조선의 울릉도·독도 인식과 관할』, 한국학중앙연구원 한국학대학원 박사논문, 2016년
황용섭, 『야마자 엔지로를 통해 본 일본의 '대륙정책'과 독도침탈』, 강원대 박사논문, 2019년

2. 논문·기사

곽진오, 「한일회담과 독도-교환공문을 중심으로-」, 『일본학보』 제112집, 2017년
곽진오, 「일본의 독도 정책에 대한 고찰-이른바 '다케시마의 날'과 일본 의회를 중심으로」, 『비교일본학』 제47집, 2019년
김관원, 「1905년 일본제국의 독도편입 배경: 야마자 엔지로와 보호국화 정책을 중심으로」, 『한일군사문화연구』 제24호, 2017년
김수희, 「나카이 요자부로와 독도 강점」. 『독도연구』 제17호, 2014년
김영기, 「일본 방위백서의 독도 관련 기술에 대한 대응방안」, 『독도논총』 제7권 제1호, 2013년
김영수, 「일본 정부의 독도 불법 영토 편입의 과정 및 시마네현 고시 제40호; '고시'의 유무」, 『동북아역사논총』 제62호, 2018년

남상구, 「일본 교과서 독도 기술과 시마네현 독도 교육 비교 검토」, 『독도연구』 제20호, 2016년
노 대니얼, 「한일협정 5개월 전 '독도밀약' 있었다」, 『월간중앙』 2007년 4월호
박병섭, 「시모조 마사오의 논설을 분석한다」, 『독도연구』 제4호, 2008년
박병섭, 「池内敏의 『竹島-또 하나의 일 · 한관계사』」, 『독도연구』 제20호, 2016년
박현진, 「독도 실효지배의 증거로서 민관합동학술과학조사」, 『국제법학회논총』 제60권 3호, 2015년
방종현, 「독도의 하루」, 『일사국어학논집』, 1963년
배병일, 「죽도문제연구회와 일본 독도 정책의 현황」, 『독도연구』 제15호, 2013년
송호열, 「1947년 독도 학술조사에 대한 지리적 고찰」, 『한국사진지리학회지』 제25권 제3호, 2015년
신석호, 「독도 소속에 대하여」, 『사해(史海)』 창간호, 1948년
신석호, 「독도의 내력」, 『사상계』 1960년 8월호
신용하, 「대한제국 1900년 칙령 제41호의 제정 과정 및 의의와 石島=獨島의 세 가지 방법의 증명」, 『독도학회 · 독도연구보전협회 2011년도 학술대회 논문집』
오상학, 「조선시대 지도에 표현된 울릉도·독도 인식의 변화」, 『문화역사지리』 제18권 제1호, 2006년
오상학, 「일본 측 독도영유권 주장의 비판적 검토: 역사지리학적 내용을 중심으로」, 『독도연구』 제6호, 2009년
오제연, 「평화선과 한일협정」, 『역사문제연구』 제14호, 2005년
우르시자키 히데유키(漆崎英之), 「'태정관지령' 부속 지도 '기죽도약도' 발견 경위와 그 의의」, 『독도연구』 제14호, 2013년
유진오, 「한일회담이 열리기까지(상)」, 『사상계』 1966년 2월호
이동원, 「신한일어업협정의 체결 과정에 대한 연구」, 『독도연구』 제28호, 2020년
이면우, 「영토분쟁과 한일관계」, 『동북아 영토분쟁과 일본의 외교정책』, 2008년, 세종연구소
이상면, 「독도 영유권과 평화선 선포」, 『독도학회 2003년 심포지엄 자료집』
이성환, 「독도에 대한 일본의 '무주지 선점론'은 성립하는가」, 『영토해양연구』 제6호,

2013년
이성환, 「일본의 태정관지령과 독도편입에 대한 법제사적 검토」, 『국제법학회논총』 제62권 제3호(통권 제146호), 2017년
이원덕, 「한일회담 시기 일본의 독도 정책 전개」, 『한일 공문서를 통해 본 독도』, 2013년, 동북아역사재단
이한기, 「국제분쟁과 재판: 독도 문제의 재판부탁성(付託性)에 관련하여」, 『법학』(서울대법학연구소) 제10권 제1호, 1968년
정병준, 「윌리엄 시볼드와 '독도 분쟁'의 시발」, 『역사비평』 제71호, 2005년
정병준, 「1953~1954년 독도에서의 한일충돌과 한국의 독도수호정책」, 『한국독립운동사연구』 제41집, 2012년
정병준, 「샌프란시스코 평화조약과 독도」, 『독도연구』 제18호, 2015년
정인섭, 「1952년 평화선 선언과 해양법의 발전」, 『서울국제법연구』 제13권 제2호, 2006년
조윤수, 「한일회담과 독도」, 『영토해양연구』 제4호, 2012년
조윤수, 「한일어업협정과 해양경계 획정 50년」, 『일본비평』 제7권 제1호, 2015년, 서울대 일본연구소
조진구, 「국교정상화 40주년의 한일관계: 신한일어업협정과 독도 문제를 중심으로」, 『평화연구』 제14권 제1호, 2006년
최남선, 「울릉도와 독도」, (『한국영토사론』, 2013년, 경인문화사에 수록)
최영호, 「한일어업협정의 체결에 따른 '평화선'의 소멸」, 『한일민족문제연구』 제37호, 2019년
최장근, 「현 일본정부의 '죽도문제' 본질에 대한 오해-독도밀약설과 한일협정 비준국회의 논점을 중심으로」, 『일본문화학보』 제47집, 2010년
최장근, 「고유영토론을 위한 '우산도'가 칙령 41호 '석도'로 전환되는 독도 명칭에 관한 논증」, 『일어일문학연구』 제90집 제2권, 2014년
최문형, 「일제의 외침 야욕과 울릉도 · 독도 점취」, 『독도연구』 제9호, 2010년
최희식, 「한일회담에서의 독도 영유권 문제」, 『국가전략』 제15권 제4호, 2009년
최희식, 「한일협정 연구」, 『동북아역사논총』 제53호, 2016년

허영란, 「明治期 일본의 영토 경계 확정과 독도: 島嶼 편입 사례와 '竹島 편입'의 비교」, 『서울국제법연구』 제10권 제1호(통권 18호), 2003년

허영란, 「1905년 '각의결정문' 및 '시마네현 고시 제40호'와 독도 편입」, 『독도연구』 제17호, 2014년

호리 가즈오(堀和生), 「1905년 일본의 다케시마(竹島=獨島) 영토 편입」, 『조선사연구회 논문집』 제24호, 1987년

홍성근, 「독도 폭격 사건의 국제법적 쟁점 분석」, 『한국의 독도영유권 연구사』, 2003년, 독도연구보전협회

홍성근, 「일본의 ICJ 제소 배경과 전망」, 『독도 문제의 ICJ 제소에 대한 학술세미나 자료집』, 2013년

홍성근, 「평화선 선언과 독도 폭격연습지 지정에 대한 법 · 정책적 이해」, 『독도연구』 제18호, 2015년

홍성근, 「일본 고등학교 교과서 독도 기술의 현황과 문제점」, 『영토해양연구』 제14호, 2017년

홍정원, 「러·일의 울도군 침탈과 대한제국의 대응: 울도군수 심흥택의 보고를 중심으로」, 『군사(軍史)』 제80호, 2011년

홍종인, 「다시 독도문제를 생각한다」, 『신동아』 1978년 11월호

홍종인, 「울릉도 학술조사대 보고기」, 한성일보 1947년 9월 21일~26일자

홍종인, 「동해의 내 국토/슬프다 유혈의 기록: 답사회고」, 조선일보 1948년 6월 17일자

홍종인, 「독도를 생각한다」, 『주간조선』 1977년 3월 20일자

사진 제공

※ 수록된 사진들 중 일부는 노력에도 불구하고 저작권자를 확인하지 못하고 출간했습니다. 확인되는 대로 적절한 가격을 협의하겠습니다.
※ 저작권을 기재할 필요가 없는 도판은 따로 표기하지 않았습니다.

외교부 제공

- 태정관지령太政官指令 … p.53, 195
- 기죽도약도磯竹島略圖 … p.196
- 심흥택 보고서 … p.60

동북아역사재단 제공

- 관보에 게재된 칙령 제41호 … p.25
- 관보에 게재된 평화선 … p.130
- 독도 등대와 '한국령'이 새겨진 바위 … p.151

경상북도 제공

- 강치 새끼를 들고 있는 해녀 … p.65

독도최종덕기념사업회 제공

- 독도 지킴이 최종덕 … p.188